Hier ist Ihr Geld sicher – verloren -

I0467924

Inhalt

Vorwort

Seit 1980 bin ich Polizeibeamter des Landes NRW.

Seit 1995 bin ich als Kriminalbeamter im Bereich der Wirtschaftkriminalität beim Polizeipräsidium Mönchengladbach tätig.

Mein Aufgabenfeld erstreckt sich von der Bearbeitung von Firmen-Insolvenzen über Anlagebetrug bis zur Bekämpfung von Korruptionstatbeständen, wobei mein Hauptaufgabenbereich allerdings im Bereich des Kapitalanlagebetruges liegt.

In den vergangenen Jahren habe ich mehrere kleinere und größere Ermittlungsverfahren im Anlagebetrugssektor bearbeitet. In diesem Buch will ich einige Betrugsfelder und - Methoden beschreiben, die von mir bearbeitet wurden oder zur Zeit bearbeitet werden. Auch wenn einige Betrugsbereiche in der heutigen Zeit vielleicht nicht mehr so aktuell sind, ist nicht auszuschließen, das diese später wieder in Mode kommen, denn alles alt bewährte wird immer wieder gut.

Zu allererst kann angegeben werden, dass im Grunde genommen gutgläubige Kapitalanleger immer wieder auf die gleiche Art und Weise mit übertriebenen und unrealistischen Versprechungen um ihre Finanzen betrogen werden. Im Laufe der Zeit hat sich daran nichts verändert, nur die Vorgehensweisen sowie die Angaben und Versprechungen der Betrüger haben sich gewandelt.

In der Regel werden die betrügerischen Kapitalanlagen per Telefon vermittelt. Ein persönliches Treffen zwischen Kapitalanleger und Vermittler kommt nur sehr selten vor aber immer wird den geschädigten Kunden das "Blaue vom Himmel" vorgelogen und versprochen. Die vermeintlichen Kapitalanleger bekommen im Verlauf der Gespräche „Dollar / Eurorzeichen in die Augen" und sind später selbst durch den ermittelnden Polizeibeamten schwer davon zu überzeugen, dass sie einem Betrug aufgesessen sind. Erst wenn der tatsächliche Schaden erkennbar wird, glauben die Kapitalanleger an einen Betrug. Mir hat einmal in diesem Zusammenhang ein Geschädigter den Satz gesagt, der auf viele andere Geschädigte zutrifft: „Gier frist Hirn…"

Dieses Buch behandelt nun einige wenige von mir bearbeitete Betrugsfelder, wobei diese Angaben nicht abschließend sind und sein können. Betrüger werden immer wieder neue Wege suchen und finden, um an das Geld anderer Leute heranzukommen.

Dieses Buch soll dazu dienen, mögliche neue Kapitalanleger skeptisch und misstrauisch zu machen. Hochrentable Kapitalanlagen, die per Telefon vermittelt werden, sind in der Regel immer unseriös. Jeder Kapitalanleger sollte überprüfen, was er im Rahmen seiner Anlage kontrollieren kann und ob eine zugesagte Gewinnerwartung überhaupt realistisch und möglich ist. In den meisten Fällen werden die akquirierten Kapitalanlagen für die Aufrechterhaltung des Geschäftsbetriebes der Vermittlerfirma, durch Zahlung von fürstlichen Gehältern und Provisionen oder sonst wie ausgegeben und in den wenigsten Fällen tatsächlich angelegt.

Wenn dieses Buch auch nur einen möglichen Kapitalanleger dazu bewegt, nachzudenken, misstrauisch zu werden und sein Geld nicht Betrügern in den Rachen zu werfen, dann hat es seinen Sinn erfüllt.

Finanzielle Situation in Deutschland

Der Kapitalanlagebetrug ist ein Deliktsbereich mit einem der größten Schadenssummen in der Bundesrepublik Deutschland. Allerdings ist nicht die Summe des einzelnen Anlegers so gewaltig, sondern die Vielzahl der Kapitalanleger mit ihren eher geringen finanziellen Anlagen.

Doch bevor ich in die Darstellung möglicher Betrugsvorgehensweisen einsteige, will ich zunächst die allgemeine finanzielle Situation der deutschen Sparer beleuchten. Wie viel Geld ist überhaupt vorhanden, an das die Betrüger herankommen wollen, woher stammt das viele Geld der Kleinanleger ?

Seit dem Jahr 2000 ist die wirtschaftliche Konjunktur in Europa immer weiter zurückgegangen und die Arbeitslosigkeit der Menschen gestiegen, auch wenn die Arbeitslosenrate in Deutschland im Vergleich zu anderen europäischen Ländern gering ist.

Die Finanzlage der öffentlichen Haushalte wird stetig ernster, die Defizite immer größer, so dass Steuern und andere öffentliche Abgaben erhöht werden mussten. Ein letztes Übel hat die Weltwirtschafts – und Bankenkrise der letzten Jahre erledigt.

Zu allem Übel kommen noch die Reformbemühungen im medizinischen und sozialen Bereich dazu, die die privaten Haushalte auch weiter belasten. Weitere Problembereiche sind die Renten in Deutschland, die für die kommenden Generationen keineswegs gesichert sind und man sich selbst um geeignete Rücklagen in Form von „Riesterrente" oder Lebensversicherungen ... kümmern muss. Die Rede von der „Altersarmut" ist in vollem Gange.

Da stellt sich einem doch die Frage: Kann man noch Geld sparen oder wird alles verbraucht oder durch öffentlich Abgaben vermindert?

Diese Probleme gehen naturgemäß auch nicht an den privaten Haushalten vorbei. Abzulesen ist dies an dem Wohnungsbau, der bis zum Jahr 1999 noch sehr rege gewesen war. Seit dem haben die Bauaktivitäten jedoch deutlich nachgelassen. Man kann davon ausgehen, dass die Sachvermögensbildung der privaten Haushalte seit 1999 um ca. zwei Fünftel zurückgegangen ist. Erst im Jahr 2003 ist die Nachfrage nach Baukrediten auf Grund der geringen Zinsen wieder gestiegen, Kreditnachfragen für gewerbliche und für den Eigenkonsum stagnierten aber weiterhin.

Doch wo ist das nicht ausgegebene Geld der privaten Haushalte geblieben ?

Wer denkt, dass in Zeiten wirtschaftlicher Schwierigkeiten, die privaten Haushalte ihr Geld weiter wie bisher ausgeben, der irrt. In Zeiten wirtschaftlicher Stagnation oder des Niederganges legen die Menschen Reserven für noch schlechtere Zeiten an und sparen ihr sauer verdientes Geld.

Obwohl die gesamtwirtschaftliche Sparquote im Jahr 2003 nur bei ca. 6 ½ % des verfügbaren Einkommens lag - dies ist der zweitniedrigste Wert seit 1991 und liegt an den hohen Defiziten der öffentlichen Hand - wuchsen die Ersparnisse der privaten Haushalte seit 1997 kontinuierlich bis ins Jahr 2003 auf ca. 170 Mrd. Euro (siehe hierzu nachfolgende Tabelle).

Jahr	1997	1999	2001	2002	2003
Sparsumme	134,9 Mrd. €	143,3 Mrd. €	154,0 Mrd. €	160,8 Mrd. €	167,4 Mrd. €

Auf den ersten Blick erscheinen 170 Mrd. Euro - das ist eine 17 mit 10 Nullen - (170.000.000.000) als sehr viel Geld. Aber bei ca. 80 Millionen Einwohnern in Deutschland handelt es sich nur noch um eine durchschnittliche pro - Kopf - Sparsumme von 2.125 Euro und nun erscheint die gesamte Sparsumme schon wieder viel mehr realistisch. Zugegeben, nicht jede Person in Deutschland hat dieses Geld gespart. Da Geld immer ungerecht verteilt erscheint und nur wenige Personen viel Geld, teilweise von einigen Hunderttausend bis zu Millionen angespart haben, wird der Großteil der Bevölkerung eine durchschnittliche Anlagesumme in Höhe von einigen Tausend Euro besitzen. Wiederum andere Menschen haben nur eine sehr geringe Rücklagen oder Schulden.

Im Vergleich zum Euro-Raum nehmen deutsche Sparer auch keine besondere Position bei der Sparrate ein. Im Jahr 2003 lag die deutsche Sparrate - wie auch die französische - bei 16 ½ % des verfügbaren Einkommens, der damit etwas über dem Durchschnitt des Euro-Raumes (15 %) lag. Zwar wurde im letzten Jahr die Sparrate der privaten Haushalte, trotz geringer Steigerung der Einkünfte, erhöht, wobei dieses Niveau aber geringer war, als in der ersten Hälfte der 90iger Jahre. Die Steigerung der Sparrate seit dem Jahr 2000 dürfte seinen Grund darin finden, das man stärker bemüht war, die private Altersvorsorge voranzutreiben und das größere Bevölkerungsschichten im Hinblick auf die finanzielle Zukunft eher verunsichert waren.

Es stellt sich nun die weitere Frage: Wo befindet sich dieses Geld, wie wurde es bislang von den Sparern angelegt?

Seit dem Jahr 2001 wurde das Spargeld eher in kurzfristigen Engagements, vor allem in Form von Bankeinlagen oder Wertpapierkäufen angelegt. Die längerfristigen Anlagen nahmen dagegen kontinuierlich ab, so das in etwa 85 % der Anlagen im kurzfristigen Bereich liegen. Hierbei waren sichere und kurzfristige Kapitalanlagen vorherrschend. Dies mag den Grund darin finden, das kurzfristigen Anlagen bei einer Verbesserung der Anlagechancen schnell wieder umgeschichtet und gewandelt werden können. Zudem steckte nach dem Börsenboom Ende der 90er Jahre auch noch viel Geld in Aktien, wobei aber im Jahr 2003 viele Aktien netto oder mit Verlust verkauft worden sind. Weiterhin wurden auf der Finanzierungsseite vor allem die kurzfristigen Kredite getilgt.

Uns interessiert hier vordringlich das Geld, welches bei den Banken und Sparkassen angelegt wurde und kurzfristig umgeschichtet werden kann.

Die Beweggründe des schnellen Umschichtens können vielfältig sein. Da der zur Zeit finanzielle ruinierte Staat immer mehr steuerlich in die Zinsgewinne (Zinsabschlagsteuer) eingereift und diese dadurch kürzt, freut sich jeder Anleger über steuerfrei Erträge. Aber auch die Finanzinstitute sind an den Umschichtungen der Spargelder nicht ganz unschuldig. Sie vergeben in den letzten Jahren - aufgrund der vorgegebenen Leitzinsen der Bundesbank - immer wenig Guthabenzinsen, so dass sich Kleinanleger über höhere Erträge bei alternativen Sparanlagen freuen. Während bei vermögenden Personen somit also vorrangig steuerliche Aspekte ausschlaggebend für eine Wandlung der Anlage sind, wird bei den "Normalsparern" sicherlich die Aussicht auf höhere Zinsen und Erträge mehr ins Gewicht fallen.

Und genau dies sind die Ansatzpunkte von Betrügern, die Sparer anrufen und nur ihr Bestes -nämlich ihr Geld - wollen. Wie wir nun wissen, liegen ja auch ca. 170 Mrd. Euro für die Betrüger auf unseren Sparkonten bereit. Interessant ist nun ein Vergleich dieser riesigen Summe zu den tatsächlichen Fallzahlen und den Schadensummen von Betrugsdelikten. Aufschlüsse darüber gibt uns die polizeiliche Kriminalstatistik.

Quelle: Bundesministerium für Arbeit und Soziales

Polizeiliche Kriminalstatistik

Die Polizeiliche Kriminalstatistik findet ihre Wurzeln bereits im dritten Reich. Anfänge einer Erfassung von Straftaten begannen schon in der Weimarer Republik. Hier wurden allerdings nur die in Preußen verübten und aufgeklärten Schwerverbrechen erfasst. Eine Weiterentwicklung der Statistik erfolgte dann in der nationalsozialistischen Zeit, wobei hier aber nur die geringe Zahl von 15 Deliktsgruppen erfasst worden ist. Zu diesen 15 Deliktsgruppe gehörte aber auch schon der Bereich der Betrugsstraftaten. Nach Ende des zweiten Weltkrieges wurden in den einzelnen Besatzungszonen durch die Besatzungsmächte verschiedene Kriminalstatistiken eingeführt, die aber nicht miteinander kompatibel und daher nicht einheitlich aussagekräftig waren. Aber auch hier wurden die Betrugsdelikte erfasst. Erst im Jahr 1952 wurde nach einer Arbeitstagung der Leiter aller Landeskriminalämter eine einheitliche Vorgehensweise erarbeitet. 1953 wurde dann das erste Jahrbuch der polizeilichen

Kriminalstatistik erstellt. Durch die technische Weiterentwicklung wurde damalige Statistik, die stellenweise mit Strichlisten geführt wurde, auf EDV ungestellt und immer weiter verbessert, so dass die heutige Polizeiliche Kriminalstatistik sehr umfangreich und sehr genau ist. Dadurch ist in der jetzigen Zeit eine Zusammenstellung aller der Polizei bekannten strafrechtlichen Sachverhalte nach ihren erfassbaren Inhalten möglich. Sie dient damit der Beobachtung der Kriminalitätsentwicklung und der Deliktsarten. Weiterhin können Täterzusammenhänge und Veränderungen der Kriminalität festgestellt werden, die dann zur vorbeugenden Verbrechensbekämpfung und für kriminalpolizeiliche Maßnahmen genutzt werden können.

Allerdings ist die Polizeiliche Kriminalstatistik aber wiederum nur bedingt richtig aussagekräftig. Ein Großteil der Straftaten wird erst gar nicht von den Geschädigten angezeigt, so dass von einem erheblichen Dunkelfeld tatsächlich begangener Straftaten ausgegangen werden muss. Ursachen für eine Nichtanzeige von Straftaten kann unter anderem das mangelnde Vertrauen in die Verfolgungsbehörden oder die eigene Peinlichkeit bei bestimmten Straftaten sein. Im Falle von Betrugsstraftaten kommt es sicherlich vor, das Geschädigte ihren Schaden nicht anzeigen, weil sie sich selbst schämen, auf eine plumpe Art und Weise einem Betrüger auf den Leim gegangen zu sein. Andere Geschädigte fürchten gegebenenfalls nach einer Anzeigenerstattung neben ihrem Verlust auch noch steuerliche Repressalien, weil das verlorene Geld zuvor nicht ordnungsgemäß versteuert wurde. Die Polizeiliche Kriminalstatistik kann somit nicht als Spiegelbild der tatsächlichen Kriminalitätslage angesehen werden. Sie ist aber eine je nach Deliktsart mehr oder weniger starke Annäherung an die tatsächliche Kriminalitätsrealität.
Dennoch wollen wir uns nun einigen Fallzahlen mit Schadenssummen zuwenden. Zu Beginn des Buches habe ich erwähnt, das der

Kapitalanlagebetrug ein Deliktsbereich mit einem der größten Schäden in Deutschland ist.

So wurden laut Polizeilicher Kriminalstatistik im Verlauf des Jahres 2009 im Bereich der allgemeinen Betrugsdelikte insgesamt 955.804 Fälle und im Bereich der Wirtschaftskriminalität insgesamt 104.340 angezeigte Fälle registriert. Im Jahr 2008 lagen die Fallzahlen im Bereich der Wirtschaftskriminalität bei 84.500 Fällen, das bedeutet für das Jahr 2009 einen Anstieg um 19,9 Prozent auf 101.340 Fälle. Dieser ist größtenteils auf komplexe Ermittlungsverfahren mit zahlreichen Einzelfälle zurückzuführen.

Der Deliktsbereich der Wirtschaftskriminalität wird in der Polizeilichen Kriminalstatistik in sechs Unterpunkte eingeteilt. Die für dieses Buch interessanten Unterpunkte der Wirtschaftskriminalität sind die Bereiche

- Wikri mit Betrug

und

- Betrug und Untreue im Zusammenhang mit Kapitalanlagen

und sollen daher etwas näher betrachtet werden. Insgesamt wurden im Jahr 2008 im Kriminalitätsbereich Wikri mit Betrug 46.908 Fälle mit einer Gesamtschadenssumme von ca. 978.000.000 Euro registriert,

Im Deliktsbereich Betrug und Untreue im Zusammenhang mit Kapitalanlagen wurden 5.833 Fälle mit einer Schadenssumme von 267.000.000 Euro registriert, wobei die Dunkelziffer - wie schon erläutert – in den Deliktsbereichen sicherlich deutlich höher liegen dürfte.

Es handelt sich bei dieser riesigen Summe aber nun um 0,5 % des eigentlich in Deutschland vorhandenen gesparten Geldes, was wir ja vorhin behandelt haben. Für findige Betrüger wird hier also noch viel Geld zu akquirieren sein. Für sie dürfte das Geld buchstäblich auf der Straße liegen. Dieser Hinweis sollte aber nun nicht als Aufforderung für neue

Betrügereien, sondern vielmehr zur vermehrten Vorsicht der Sparer und Kapitalanleger angesehen werden.

Mit diesen Zahlen werden ich nun dieses trockene statistische Einführungskapitel beenden und das eigentliche Thema dieses Buches, nämlich die Erläuterung verschiedener Betrugsbereiche und die Vorgehensweise von Tätern, beginnen.

Vertriebsstruktur/Aufbau einer "Klopperbude"

Wehe dem, der einmal in die Fänge von Anlagebetrügern geraten ist. Ich gebe jedem „Brief und Siegel", man wird von diesen Leuten nicht mehr in Ruhe gelassen, bis entweder Geld angelegt. Die einzige Möglichkeit des Angerufenen ist es, bei Erkennen des betrügerischen Gegenübers sofort das Telefonat ohne weiterführende Gespräche zu beenden. Ansonsten ist man hoffnungslos verloren. Auch wenn das telefonische Gegenüber so freundlich und erfahren tut, es weiß genau, was es will, nämlich nur und ausschließlich das Geld der angerufenen Kapitalanleger. Alle Telefonverkäufer sind bestens geschult und haben Antworten auf jede Frage und Äußerung des Angerufenen parat. Für Neueinsteiger in einer solchen Vermittlerfirma, die im Fachjargon „Klopperbude" genannt wird, werden Gesprächsleitfäden bereit gestellt. Auf diesen Leitfäden ist jedes Gespräch bis ins Kleinste vorgegeben, beginnend mit " Guten Tag, mein Name ist........ . Ich arbeite für die Fa. .... Haben Sie schon mal etwas von uns gehört. Wir vermitteln sehr erfolgreich .... „ bis hin zum Gesprächsende „Wir werden uns wieder bei Ihnen melden, nachdem Sie die Post in den nächsten Tagen durchgesehen haben." Dazu werden eigens interne Schulungen der Gesprächsführung durchgeführt. Dabei werden die Argumente zur Erlangung von Kapitalanlagen eintrainiert, bis sie der Telefonverkäufer im Schlaf heruntersagen kann. Die erfahrenen Telefonverkäufer nehmen dabei den Part des Kunden ein und der Neuling soll dann versuchen, sie zu einer Anlage bewegen. Somit lernen die Neulinge auch gleich alle bereits bei erfahrenen Verkäufern bekannte Gegenargumente der Kunden und wissen später, wie sie darauf reagieren müssen.

Aber auch die interne Struktur und der Aufbau einer Klopperbude ist bis ins Kleinste durchorganisiert.   Hier gibt es eine feststehende Hierarchie mit mehreren Abteilungen.

Broschürenabteilung

Zunächst ist die Broschürenabteilung zu benennen. Zugegeben, ich will nicht abstreiten, dass hier diejenigen Leute sitzen, die den wenigsten Durchblick über die Firma und die eigentlichen Machenschaften haben. Es handelt sich hierbei in der Regel um junge Menschen, die sich durch leichte Telefonarbeit ein wenig Geld hinzuverdienen möchten. Ihre Aufgabe ist es, aus Telefonbüchern (z.B. Gelbe Seiten) oder aus dem Internet Anschriften von Kunden herauszusuchen und diese später anzurufen. Dabei werden schon innerhalb dieser Broschürenabteilung einzelne Berufsgruppen unter den dortigen Mitarbeitern aufgeteilt, um festzulegen, wer wen oder welche Berufsgruppe (Ärzte, Steuerberater, Architekten ...) anzurufen hat und hierfür am besten geeignet ist.

Hier werden noch keine Geschäfte abgeschlossen, aber dennoch schon die Grundsteine dazu gelegt. Alles und wirklich alles, was bei den ersten Telefonaten gesagt wird, wird von den Mitarbeitern schriftlich festgehalten. Über jeden, der auch nur irgendwie Interesse bekundet und den Anschein macht, Geld zu haben oder anlegen zu können, wird sofort eine Karteikarte geführt, auf der alle wichtigen Daten eingetragen werden.

Opening--Abteilung

Diese Karteikarte wird dann an die sogenannte Opening-Abteilung weitergeleitet. Hier befinden sich nun diejenigen Telefonverkäufer, die nun erstmals versuchen werden, eine Kapitalanlage zu erlangen. Diese Abteilung befindet sich meistens in eigens dafür vorgesehenen Räumen mit vielen Telefonanschlüssen und mehreren Tischgruppen. Damit eine Konkurrenz innerhalb der Telefonverkäufer besteht, werden Tischgruppen zusammengestellt, die untereinander Rang - oder Hitlisten für die meisten Abschlüsse erstellen. Im Rahmen von Wettbewerben werden die wochen - oder monatsbesten Gruppen prämiert und erhalten zusätzliche Erfolgsprovisionen. Damit auch hier untereinander ein Konkurrenzdenken vorherrscht, wird am Monatsende der Verkäufer des Monats mit Zusatzprämien gekürt. So bekommen die weiblichen Telefonverkäufer z.B. Wellness-Wochenenden und die besten männlichen Telefonverkäufer auch mal einen Ferrari fürs Wochenende gestellt. Um einen Nachweis und einen Überblick der Abschlüsse für alle möglich zu machen, werden in den Räumen große Tafeln aufgestellt, auf der jeder geglückte Abschluss schriftlich angezeigt wird. Die Prämien für die erfolgreichen Telefonverkäufer stammen natürlich von den akquirierten Kapitalanlagen der angerufenen Kunden. Auch in dieser Opening-Abteilung werden die bereits angelegten Kundenkarteikarten weitergeführt. Jede zusätzliche Information, die vom Kunden - in welcher Art auch immer - erhalten wurde, wird weiterhin festgehalten. Nachdem nun die ersten Kapitalanlagen akquiriert worden sind, wird die Karteikarte in die nächste Abteilung, der „Loader-Abteilung" weitergeleitet.

Loader-Abteilung

Hier befinden sich nun die Telefonverkäufer in gehobener Position. In der Regel handelt es sich hierbei um Verkäufer aus der Opening-Abteilung, die sich dort aufgrund vieler Abschlüsse und Erfolge einen Namen gemacht haben und nun „weiter befördert" wurden. Diese Firmenmitarbeiter versuchen nun eine Aufstockung der bereits geleisteten Geldanlage zu erreichen. Sollte die erste Kapitalanlage bereits verwirtschaftet oder sonst wie in Verlust geraten worden sein (wie das geht, wird bei den eigentlichen Betrugsmethoden erläutert), so wird mitgeteilt, dass die ersten Telefonverkäufer ihren Job nicht richtig gemacht oder falsch ausgeführt hätten und sie, als der nun neue Kundenbetreuer, alles besser und nun richtig machen würden. Mit einer erneuten Kapitalanlage würde nun das bereits als verloren geglaubte Geld wieder mit einem riesigen Gewinn zurückerwirtschaftet. Man muss in diesem Fall nur einen höheren Betrag als den Einstiegsbetrag zahlen. Auch diesmal wird die Kundenkarteikarte weitergeführt und dann in die Kundenbetreuer-Abteilung weitergeleitet.

Kundenbetreuungsabteilung

Wenn nun keine Kapitalanlage mehr erwartet werden kann oder der Kunde bereits vollständig ausgenommen wurde, wird die bislang geführte Karteikarte zu einer so genannten TOL-Karte (Total ohne Lust-Karte). Diese Karte wird dann abgelegt und erst viel später wieder durch irgend einen Neuling zur Übung wieder herausgeholt. Zudem werden diese TOL-Karten später an andere Kapitalvermittlerfirmen weiterverkauft, die dann nochmals versuchen unter anderen Argumenten neue Anlagen zu erhalten

Treuhänder

In fast allen der von mir bearbeiteten Betrugsbereichen wurden von den eigentlichen Firmenverantwortlichen immer so genannte Treuhänder eingesetzt oder zumindest benannt. Bei diesen Treuhändern handelt es sich oftmals um ein Rechtsanwalts- oder Wirtschaftprüfungskanzleien. Generell ist es so, dass diese Kanzleien nur wenig eigene Aufträge haben und sich mit diesen Treuhandgeschäften über Wasser halten – müssen oder wollen -. Was von den Treuhändern natürlich nicht bedacht wird, ist die Tatsache, dass die Kanzlei nach einigen dieser Geschäfte einen schlechten Ruf hat und überhaupt keine Klienten mehr bekommt oder aber in der Branche einschlägig bekannt wird und nur noch Treuhandaufträge bekommt.

Die Funktion des Treuhänders soll dem Kapitalanleger eine Sicherheit für sein gezahlten Geld suggerieren und schon im Vorfeld belegen, das das Geld sicher angelegt ist.

Aber ist das wirklich so? Was ist denn wirklich die Funktion des Treuhänders in einem Betrugsgebilde?

Die gutgläubigen Kunden werden zunächst angewiesen, ihr Geld auf ein eigens eingerichtetes Treuhandkonto einzuzahlen oder per Scheck an den Treuhänder zu zahlen. Dieser wird den Kontoauszug oder Scheck als Eingangsbeleg der Geldanlage kopieren und die Firmenverantwortlichen informieren. Der Treuhänder erhält dann, im Falle des vorbörslichen Aktienverkaufes, Aktienzertifikate, die er den Kunden im Gegenzug des Geldeinganges – in der Regel per Einschreiben - zuschickt. Der Rückschein wird dann vom ihm der eigentlichen Firma weitergeleitet, die damit ebenfalls den Beleg hat, das der Kunde seine – leider wertlosen - Aktienzertifikate erhalten hat.

Weiterhin wird der Treuhänder von den Firmenverantwortlichen angewiesen, das Anlagegeld nun auf firmeneigene Konten oder auf andere Konten im In - oder Ausland weiterzuleiten. Und dies ist die eigentliche Aufgabe des Treuhänders. Er fungiert lediglich als Geldannahmestelle.

Für diese Finanzdienstleistung erhält der Treuhänder natürlich eine Gebühr, die sofort von der eingezahlten Kapitalanlage abgezogen wird. Diese Gebühr kann zwischen 2 - 5 % der eigentlichen Anlagesumme betragen. Hiervon erfährt der Kapitalanleger natürlich nichts.

In dem Fall, das dem Kapitalanleger bereits vor Geschäftsbeginn eine sichere Rendite seiner Kapitalanlage zugesagt wurde, besteht eine zusätzliche Aufgabe des Treuhänders darin, diese „Rendite" unmittelbar von der eigentlich Kapitalanlage zu errechnen und abzuziehen. Diese „Renditen-Summe" wird von ihm auf ein so genanntes Renditenkonto eingezahlt, wo es dann nach Ablauf der zugesagten Frist an den Kapitalanleger wieder zurückgezahlt wird. Die zugesagte Rendite wird also nicht von der Firma erwirtschaftet, sondern von dem Kapitalanleger selbst bezahlt. Aber auch hierüber wird von dem Treuhänder und von den Firmenverantwortlichen gegenüber dem Kunden natürlich Stillschweigen bewahrt.

Betrugsarten

Termingeschäfte

Die Hochkonjunktur der Warentermingeschäfte war um 1993-1995. Hochburgen von Anlageunternehmen lagen im Ruhrgebiet, im Großraum Düsseldorf und am Niederrhein. Hier befanden sich eine Vielzahl von so genannten „Introducing-Brokern", die - angeblich - ausländischen Brokern zuarbeiteten. Durch staatsanwaltschaftliche und polizeiliche Ermittlungen wurden diese Vermittlerfirmen, die nach dem vorgenannten Schema aufgebaut waren, jedoch immer mehr eingedämmt.

Allerdings gab in der jüngeren Vergangenheit eine Mitarbeiterin eines Bankinstitutes an, das Warentermingeschäfte wieder im Kommen sind. Offensichtlich ist es so, wie bei der Mode, alles Alte kommt irgendwann wieder zurück.

Um in das Kapitel der Termingeschäfte einsteigen zu können, ist es erst einmal erforderlich zu erklären, was überhaupt solche Termingeschäfte sind und wozu sie dienen.

Im Grunde genommen sind Termingeschäfte eine sehr nützliche und Gute Sache. Termingeschäfte haben eine hohe wirtschaftliche Bedeutung. Kennzeichnend für diese Termingeschäfte ist, das Kauf oder Verkauf einer Ware auf der einen Seite und Erfüllung auf der anderen Seite nicht zum selben Zeitpunkt erfolgen. Das heißt, es können Waren oder Wertpapiere zwar zum heutigen Datum zu einem heute festgesetzten Preis gekauft werden, die Bezahlung und Auslieferung erfolgt aber zu einem späteren Zeitpunkt, auch wenn sich der Preis zwischenzeitlich geändert haben sollte, da die Konditionen, wie Preis, Menge und Lieferzeitpunkt schon bei Abschluss des Termingeschäftes feststehen. Es werden also Käufe oder Verkäufe einer bestimmten Warenmenge und Art zu einem späteren Lieferzeitpunkt zu einem Preis getätigt, der bereits zum Zeitpunkt des

Geschäftsabschlusses festgelegt wird. Durch die zeitliche Festsetzung der Kurse schafft der Terminmarkt einen Ausgleich zwischen Angebot und Nachfrage. Hierdurch können Verkaufs - und Produktionskosten stabiler gehalten werden, weil die Produkthersteller bereits schon während der Produktion sicher sind, das sie ihre Ware später zu einem festen Preis verkaufen können. Für den Endverbraucher bedeutet dies ein wesentlich stabileres Preisniveau. Im Gegensatz zum Kassamarkt, wo Lieferung und Bezahlung der gehandelten Ware normalerweise sofort erfolgen, handeln die Teilnehmer am Terminmarkt in standardisierten übertragbaren Kontrakten. Die Kontraktgröße ist bei jeder Kontraktart standardisiert festgelegt (z.B. Gold und Dax-Index = 100 Indexeinheiten). Ein Terminkontrakt zeichnet sich dadurch aus, dass er übertragbar und die Menge, Art und Qualität der Ware beim Geschäftsabschluss festgelegt ist. Während auch der Liefermonat festgelegt ist, richtet sich der Preis nach dem aktuellen Kurs am Tag des Geschäftsabschlusses eines solchen Terminkontraktes. Es wird bei diesen Geschäften also darauf spekuliert, dass der Preis der jeweiligen Ware zum Lieferzeitpunkt für den Käufer bzw. Verkäufer besser ist, als bei Vertragsabschluss. Werden z.B. Orangen oder Weizen zu einem jetzt festgelegten Preis geordert, so kann es sein, dass die Ernte schlechter ausfällt und sich der Preis zum Zeitpunkt der Lieferung verbessert oder verschlechtert. Der Spekulant erhofft durch die Veränderung des Marktwertes einer Ware Gewinne zu erzielen. Ein Spekulant kauft heute Waren zu einem festgesetzten Preis, spekuliert aber darauf, diese später zu einem höheren Preis wieder verkaufen zu können.

Diese Terminspekulation unterscheidet sich grundlegend von den anderen Kapitalanlagen. Der risikofreudige Anleger findet beim spekulativen Handeln an den einzelnen Börsen die risikoreichste, unter Umständen aber auch eine der ertragreichste Anlageform. Allerdings sind nur etwa 10 - 20 Prozent aller Anleger mit den Kapitalanlegen erfolgreich. Alle anderen Spekulanten, also 80 – 90 %, verlieren ihr Geld, meistens mit Totalverlust.

In den meisten Fällen wird von den Anlagefirmen vergessen zu erwähnen, dass bei hohen Gewinnchancen das Verlustrisiko genauso hoch oder noch höher ist.

Spekulationsgeschäfte sind nicht unmoralisch, da sie für die Weltmärkte einen unverzichtbaren Beitrag leisten. Weil Preisschwankungen von Waren auf den Weltmärkten können nicht alleine durch die industriellen Verbraucher oder die Produzenten ausgeglichen werden können, kommt es bei Termingeschäften zu sehr viel stabileren Preisen und hohe Schwankungen werden verhindert, da ein Preis einer Ware schon vor der Produktion festgelegt wird.

Bei den Termingeschäften wird wiederum in Devisentermin - und Warentermingeschäfte unterschieden.

Bei Devisentermingeschäften treffen Käufer und Verkäufer eine Vereinbarung, zu einem späteren Termin eine fremde Währung zu einem bestimmten Kurs einer anderen Währung einzutauschen, wobei der Wechselkurs aber schon zum Zeitpunkt der Vereinbarung bestimmt wird. Beispiel: Ein Anleger schließt mit seiner Bank einen Vertrag, der ihn berechtigt, den US Doller zu 1,20 € in drei Monaten von der Bank zu erhalten. Er rechnet dabei mit einem anstieg des Doller in diesen drei Monaten auf einen höheren Wert. In diesem Fall hätte der Käufer einen Gewinn gemacht, weil er den US Dollar zu dem bereits vereinbarten niedrigeren Preis erhält. Fällt aber der Dollar unter 1,20 €, so hätte er sich verspekuliert, denn er muss zu dem vereinbarten Termin 1,20 € je Dollar zahlen.

Warentermingeschäfte sind ähnlich aufgebaut, nur mit dem Unterschied, dass keine Währung sondern eine Ware gehandelt wird.
Analog zu den Devisentermingeschäften wird der Kaufpreis einer bestimmten Ware zu einem festgesetzten Liefertermin vereinbart. Für die

Landwirtschaft und die Rohstoff produzierende Industrie ist der Warenterminhandel ein aktiver wettbewerbsorientierter Markt, auf dem die Preise für ihre eigenen Produkte festgelegt werden. Dadurch können Verkaufs - und Produktionskosten stabil gehalten werden. Preissteigerungen, etwa bei landwirtschaftlichen Produkten, werden so auf dem Weg vom Hersteller zum Supermarkt nicht voll auf die Konsumenten abgewälzt. Für den Endverbraucher bedeutet dies ein stabileres Preisniveau. Die Preise für Nahrungsmittel und andere Waren wären zweifellos höher, wenn die Produzenten und die verarbeitende Industrie das Risiko deutlicher Preisanstiege ihrer Rohstoffe selbst zu tragen hätten.

Bei den Spekulationen unterscheidet man weiterhin zwischen dem Direktgeschäft, auch Futureshandel genannt, und einem Optionsgeschäft.

Direktgeschäft / Termingeschäft / Futureshandel

Im Direktgeschäft oder Futuresgeschäft erwirbt der Spekulant je nach Markteinschätzung einen Kauf - oder Verkaufskontrakt. Wenn der Spekulant nun glaubt, das der Goldpreis innerhalb der nächsten drei Monate steigen wird, dann kauft er heute einen Goldkontrakt in der Hoffnung ihn in drei Monaten teurer verkaufen zu können. In der Fachsprache bezeichnet man dies auch als „Long-Position", man sagt auch: " Er geht -Long-„. Die Attraktivität des Futures-Geschäftes besteht aber auch darin, das ein Spekulant nicht nur auf steigende Kurse (Hausse), sondern auch auf fallende Kurse (Baisse) spekulieren kann. Dass heißt, man kann Futures verkaufen, die man noch gar nicht besitzt. Man sagt hierbei, man kauft eine „Short-Position" oder „Er geht Short". Da das eigentliche Geschäft erst zu einem bestimmten Termin erfüllt werden muss, hat der Verkäufer der Short-Position die Möglichkeit, sich die betreffende Ware oder das Finanzprodukt zwischenzeitlich zu besorgen. Wenn ein Spekulant zum Beispiel erwartet, dass der Rohölpreis sinken wird, kann er heute einen Rohöl-Futures verkaufen, den er aber noch gar nicht besitzt. Er sichert sich aber damit den heutigen aktuellen Rohölpreis. Fällt der Rohölpreis gemäß der erwarteten Spekulation, kann er sich den Rohöl-Futures-Kontrakt zu dem entsprechend niedrigeren Preis kaufen und erzielt so einen Gewinn.

Das Besondere am Terminmarkt ist die Hebelwirkung, die ein Terminkontrakt auf das eingesetzte Kapital haben kann. Hier besteht die Möglichkeit einen großen Gewinn zu machen. Wenn aber die Spekulation nicht aufgeht, was meistens der Fall ist, ist aufgrund der umgekehrten Hebelwirkung das eingesetzte Geld fast immer vollständig verloren. Die Hebelwirkung will ich an zwei Beispielen erläutern:

Beispiel 1:

Im vorgenannten Fall wurde ein Goldkontrakt, in der Hoffung, das der Preis steigt, erworben. Ein Kontrakt Gold bedeutet, das man grundsätzlich mit 100 Feinunzen Gold handelt, die - so nehmen wir mal an - einen Gesamtwert von 35.000 € haben. Um diesen Kontrakt handelt zu können, benötigt der Anleger aber nicht die vollen 35.000 €, sondern nur etwa 10 % der Summe, also nur 3.500 €. Diese 3.500 € müssen bei der Börse hinterlegt werden. Es handelt sich hierbei um die Einlage, die der Kapitalanleger dem Introducing-Broker in der Meinung übergibt, dass dieser sie auch tatsächlich an der Börse anlegt. Wenn nun die Markteinsätzung richtig war und der Goldpreis, z.B. um 10 % - also 3.500 € - gestiegen ist, heißt das, dass der Goldkontrakt nun einen Wert von 38.500 € hat. Wenn nun der Goldkontrakt verkauft wird, sollte der Spekulant nun folgendes wieder zurück erhalten:

- die eingesetzten 3.500 €

- den 10 %gen Wertanstieg des Goldes, also noch einmal 3.500 €.

Danach hätten der Anleger auf seinen Einsatz bezogen einen 100 %gen Gewinn erwirtschaftet.

Beispiel 2:

Er erwartet, das deutsche Standartaktien steigen werden und erwirbt einen DAX-Future-Kontrakt zu einem Index-Stand von 3.720 Punkten. Der von dem Anleger gekauft Kontraktwert beläuft sich auf 1 Kontrakt. 1 Kontrakte bedeutet 100 x 3.720 =372.000 €. Bei einer Einschusspflicht von 15 % muss der Anleger Sicherheiten von 55.800 € zahlen. Damit hat er also in Höhe von 372.000 € Standartaktien gemäß des Deutschen Aktien-Indexes erworben. Sollte der Dax nun um 5 % auf 3.906 Punkte steigen, so steigt der Kontraktwert auf 1 Kontrakt x 100 x 3.906 = 390.600 €. Der Kursgewinn des Anlegers beträgt 18.600 € (390.600 - 372.000 €). Sollte der DAX nun aber auf 3600 Punkte fallen, so bedeutet dies einen Verlust von 17.000 € (372.000 – 360.000), da der Kontakt 1 x 100 x 3600 = 360.000 wert ist. Es liegt also ein Hebeleffekt vor. Dieser bedeutet eine Chance, aber auch zugleich ein enormes Risiko des Geschäftes.

Gehen wir nun einmal vom positiven Fall eines Gewinnes aus. Von diesem gegebenenfalls erwirtschafteten Gewinn wird nun von dem Introducing-Broker eine Roundturn-Gebühr abgezogen. Was nun wieder eine Roundturn-Gebühr ist, werde ich etwas später erklären. Weiterhin wird in der Regel ein Erfolgshonorar vom tatsächlichen Gewinn sofort vom Introducing-Broker abgezogen. Zudem fällt weiterhin auch ein Disagio an.
In diesen Roundturn , Gewinnerfolgs- und Disagiogebühren liegt der eigentliche Knackpunkt, wo die meisten Betrügereien stattfinden, denn diese Gebühren sind es, woran die Täter Interesse haben. Der eigentliche Börsenerfolg für die Anleger ist den Vermittlern vollkommen egal. Es ist tatsächlich so, dass die Kapitalanlage entweder erst gar nicht an der Börse angelegt wird oder später durch die Gebühren „aufgefressen" wird. Zu einer ausführlichen Erklärung komme ich dann später noch.
Zu beachten ist weiterhin, das die eigentliche Einlage in der Regel ausländischer Währung erfolgt. Hier ist ein Währungsrisiko vorhanden, da die Währungen schwanken. Auch hier können erheblich Verluste aber auch Gewinne erzielt werden.

Wie schon erwähnt, fast 90 % aller Anleger verlieren ihre vollständige Einlage, auch in dem Fall einer tatsächlichen Anlage das Kapitalanlagefirmen, was gar nicht immer sichergestellt ist, auch wenn der Anleger regelmäßig Auszüge seines „Brokereinzelkontos" erhalten sollte.

Um die Aufklärung des Spekulanten über das enorme Verlustrisiko zum umgehen, wird von den Kundenbetreuern angegeben, dass es eine Möglichkeit gibt, dieses Verlustrisiko zu begrenzen. Man spricht dabei von der Stop-Los-Technik. Auch wenn hiermit tatsächlich das Verlustrisiko begrenzt werden kann, hilft diese Stop-Los-Technik jedoch nicht 100%tig.

Wenn in unserem vorgenannten Goldkontraktbeispiel von dem eingesetzten Kapital von 3.500 € maximal 1.500 € riskieren werden soll, müsste man bei 3.350 € einen Stop in den Markt setzen. Da mit einem Kontrakt von 100 Feinunzen gehandelt wird, wären bei einem Goldpreisverfall von 3.500 auf 3.350 € die 1.500 € bereits verloren. Einen Stop bei 3.350 € in den Markt setzen bedeutet, das bei einem Kontraktpreis von 3.350 €, der Kontrakt zum Verkauf freigegeben wird. Das Termingeschäft würde dann glatt gestellt und der Verlust wäre auf 1.500 € begrenzt.

Diese Stop-Los-Technik funktioniert aber dann nicht, wenn der Kurs des Kontraktes z.B. am heutigen Tag mit 3.400 US $ schließen würde und am folgenden Tag bei Eröffnung der Terminbörse mit 3.200 US $ beginnt. Dann konnte der Stop-Los nicht ausgeführt werden und der Verlust wäre deutlich höher.

Anstatt diese Verlustrisiken vollständig zu erklären, wird den Spekulanten im Gegenteil angegeben, das manche Märkte ein so genanntes Tageslimit haben und daher nicht unter die angegebene Stop-Los-Grenze fallen können. Durch das Tageslimit sollen große Schwankungen des Kontraktwertes nach oben oder nach unten automatisch begrenzt werden. Um den Anleger weiterhin mehrt in Sicherheit zu wiegen, erklärt man ihm, das es solch hohe Schwankungen - über die Stop-Los-Grenze hinaus -

aber nur in Ausnahmefällen, wie bei Katastrophen oder Kriegen oder sonstigen politischen Unruhen, gibt. Tatsächlich ist es aber so, das die Begrenzung eines Tageslimits so gut wie nicht zustande kommt.

Optionsgeschäft

Im Gegensatz zum Terminkontrakt erwirbt der Spekulant bei einem Optionsgeschäft lediglich das Recht einen Terminkontrakt zu kaufen. Eine Option ist eine Vereinbarung, die für den Käufer das Recht, nicht aber die Verpflichtung gibt

- innerhalb einer festgelegten Laufzeit bei amerikanischen bzw. bei europäischen Optionen zu einem festgesetzten Zeitpunkt

- eine bestimmte Menge eines bestimmten Basiswertes

- zu einem im voraus fixierten Preis (Basispreis)

zu kaufen oder zu verkaufen.

Es gibt vier Möglichkeiten, wie man bei einem Optionsgeschäft vorgehen kann:

1. Long Call   -   Käufer eine Kaufoption

2. Long Putt   -   Käufer einer Verkaufsposition

3. Short Call   -   Verkäufer einer Kaufoption (Stillhalter in Waren, Aktien etc.)

4. Short Putt   -   Verkäuter einer Verkaufsoption (Stillhalter in Geld)

Diese zugegebenermaßen für einen Laien fremdartigen Fachbegriffe werde ich nachfolgend erklären. Selbst für mich ist diese Materie immer noch nur schwer zu begreifen. Ich hatte die Möglichkeit mein Wissen aus Lehrgängen, diverser Fachliteratur oder Gutachten von Wirtschaftprüfern zu erlangen. Aber wie schwer ist es für einen bislang unbedarften und unerwartet am Telefon kontaktierten Kapitalanleger ist, dies alles richtig zu verstehen, erklärt sich dann von selbst.

Long Call:

Eine Call-Option, wird immer dann gekauft, wenn für die Laufzeit der Option mit einem Kursanstieg des Basiswertes gerechnet wird. Im Gegensatz zum Terminkontrakt, wo eine Vorauserfüllung erfolgt, sprich 10 % des Kontraktwertes sofort gezahlt werden muss, zahlt der Käufer einer Option nur eine Prämie, die sich nach dem Basispreis, der Laufzeit und dem Marktpreis richtet. Bei einem Kursanstieg hat der Inhaber der Option die Chance - gemessen an seinem Einsatz - hohe Gewinne zu erzielen, während sich das Verlustrisiko nur auf die vorab gezahlte Optionsprämie beschränkt. Ein Gewinn wird immer dann gemacht, wenn der Kurs des Basiswertes höher ist, als der ursprünglich gezahlte Optionspreis oder aber bei einer vorzeitigen Glattstellung des Geschäftes der Optionspreis höher ist als der Kaufpreis der Option.

Dazu ein kleines Beispiel:

Eine Option hat eine bestimmte Laufzeit, innerhalb der der Käufer das Recht hat, einen entsprechenden Terminkontrakt zu einem bestimmten Preis zu kaufen. Wenn zum Beispiel heute von einem Anleger eine 124 € Gold-Call-Option gekauft wird, mit der Laufzeit von drei Monaten, heißt das, man erwirbt das Recht, innerhalb dieser Zeit einen Gold-Kontrakt zu dem Kurs von 124 € zu kaufen. Die 124 € nennt man den Basispreis einer Option. Der Anleger zahlt für diese Option einen Preis von 10 Einheiten x 124 € = 1.240 €. Diese 1.240 € werden die Optionsprämie genannt. Wenn der Goldpreis nun steigen sollte, geht die Spekulation auf, da der Goldkontrakt billiger gekauft werden kann, als sein tatsächlicher Kurs ist. Beträgt der Kurs der Option beispielsweise nun 196 € und verkauft der Anleger seine Option wieder bzw. stellt das Geschäft glatt, so erhält er auf seinem Konto einen Gegenwert von 1 Option x 10 Einheiten x 196 € = 1.960 €. Er hätte somit einen Gewinn von 720 € abzüglich der an - und Verkaufsgebühren gemacht. Sollte der Preis aber fallen, so ist die vom Spekulant im Voraus gezahlte Optionsprämie verloren. Wenn der Markt nun gegen die Spekulation läuft und es wenig Sinn machen würde, die

Option innerhalb der Laufzeit auszuüben, verfällt das Optionsrecht und damit auch die gezahlte Prämie. Das ist mit einem 100igen Verlust der Kapitalanlage gleichzusetzen.

Beim Kauf eines Put wird analog verfahren.

Long Put:

Bei einer Putt-Option, wird im Gegenteil zu einer Long Call-Option auf einen einem fallenden Kurs spekuliert. Der Käufer einer Put-Option erzielt einen Gewinn, wenn der Basiswert unter die durch den Basispreis abzüglich des ursprünglich bezahlten Optionspreises festgelegte Gewinnschwelle fällt, bzw. wenn bei vorzeitiger Glattstellung des Geschäftes der Optionspreis höher ist als der Kaufpreis des Put. Der mögliche gewinn ist analog zum vorherigen Beispiel zu sehen.

Der maximale Verlust des Käufers eines Put betrifft auch hier die vollständig zuvor gezahlte Optionsprämie.

Short Call:

Der Verkäufer eines Calls erwartet gleich bleibende oder leicht fallende Kurse. Tritt diese Preiserwartung ein, wird der Käufer des Call, also der Gegenspieler, von seinem Optionsrecht keinen Gebrauch machen und der Verkäufer erhält als Gewinn den bereits erhaltenen Optionspreis / Optionsprämie. Steigt jedoch der Kurs, so wird der Käufer des Calls von seinem Optionsrecht Gebrauch machen. Sollte nun der Verkäufer im Besitz der gehandelten Ware oder Wertpapiere sein, dann begrenzt sich sein Verlust auf die Differenz zwischen dem von ihm gezahlten Ankaufspreis der Ware oder des Wertpapiers und dem jetzigen Verkaufspreis. Ist der Verkäufer der Option aber nicht im Besitz der Ware oder der Wertpapiere, so muss er sich diese nun zum gegenwärtigen Kurs beschaffen und zu dem zu Beginn der Option vereinbarten Preis an den

Gegenpartner abgeben. Das bedeutet ein erhebliches Risiko für den Verkäufer eines Calls. Der Verlust wird lediglich durch die zuvor vom Gegenspieler an den Verkäufer der Option gezahlte Optionsprämie vermindert.

Auch hierzu ein kleines Beispiel:

Der Verkäufer der Option spekuliert auf sinkende Preise des Silberwertes während einer Laufzeit von drei Moanten.. Zunächst erhält der Anleger durch den Verkauf der Option, zum Beispiel 1 Call Silber zum Kurs von 4 €, eine Optionsprämie von 200 €. Die Verkaufsoption wird über die gesamte Laufzeit von drei Monaten bis zum Auslaufen vom Anleger gehalten, weil der Silberpreis tatsächlich gefallen ist. Der Gegenspieler übt sein Optionsrecht aufgrund des Preisverfalls nicht aus. Damit verfällt das Optionsrecht und der Anleger kann die die zuvor bezahlte Optionsprämie von 200 € abzüglich der Gebühren behalten. Sollte der Kurs des Silbers aber steigen, so ist der Anleger verpflichtet dem Gegenspieler, der dann seine Option ausübt, das Silber zu verkaufen. Er muss es sich nun zu dem teureren Preis besorgen oder die Differenz zwischen bereits erfolgten Ankaufspreis und jetzigen Verkaufspreis als Verlust hinnehmen.

Beim Verkauf eines Put wird analog verfahren.

Short Put:

Der Verkäufer eines Put (Stillhalter in Geld) verpflichtet sich, bei Ausübung der Option den zugrunde liegenden Basiswert zum Basispreis zu übernehmen. Er erwartet steigende, stagnierende oder nur leicht sinkende Preise. Tritt seine Preiserwartung ein, kann er nach Verfall der Option den erhaltenen Optionspreis als Gewinn vereinnahmen, bzw. im Fall der vorzeitigen Glattstellung einen Gewinn realisieren. Fällt jedoch der Kurs unter den Basiswert, was dann zur Folge hätte, das die Option von seinem Gegenspieler ausgeübt wird, so ist der Verkäufer des Puts (Stillhalter) verpflichtet, den vereinbarten Basiswert zum zur Zeit gültigen Basispreis zu übernehmen, auch dann, wenn dieser erheblich über dem gegenwärtigen Marktpreis liegt. Sein Risiko bezieht sich auf den Basispreis abzüglich dem aktuellen Kurs, von dem der Optionspreis abgezogen wird.

Im Grunde genommen ist es so, das ein Spekulant mit seiner Anlage eine Wette auf einen steigenden oder fallenden Kurs eines Kontraktes abschließt. Es ist wie beim Lotto-Spielen. Man zahlt einen Einsatz (Optionsprämie) und wettet darauf, das seine getippten Zahlen gezogen werden. Werden andere Zahlen, wie in den meisten Fällen gezogen, so verfällt der bereits gezahlte Einsatz (Optionsprämie) vollständig. Sind die Zahlen richtig, erhält man seinen Gewinn abzüglich des gezahlten Einsatzes.

In allen Fällen des Termin - oder des Optionsgeschäftes ist es so, das der Käufer nicht wirklich das Recht ausüben will, die gehandelte Ware tatsächlich zu erwerben. Es wird hier nicht die Ware, sondern nur der Terminkontrakt oder die Option gehandelt und Gewinne werden nur dann gemacht, wenn die Spekulation, also der Preis des Kontraktes, in die richtige Richtung geht. Der Spekulant beabsichtigt in keinem Fall, seine Option wirklich auszuüben, genauso wenig, wie ein Spekulant am Terminmarkt nicht beabsichtigt, die gehandelte Ware in Empfang zu nehmen.

Bei den Optionsstrategien können neben dem erheblichen Risiko auch die Gebühren einen erheblichen Einfluss auf das Ergebnis haben. Gebühren verringern immer den Gewinn oder erhöhen in jedem Fall den Verlust. Zu den Gebühren werde ich später noch weiteres erklären.

An dieser Stelle will ich einen kleinen Einschub machen. Die hier gemachten Angaben stammen zum größten Teil von einer Tonbandkassette, die vor einigen Jahren im Verlauf einer Durchsuchung einer Vermittlerfirma sichergestellt worden ist. Die auf der Kassette befindlichen Ausführungen stimmen, da kann ich nichts dagegen halten. Diese Angaben habe ich durch Ausarbeitungen eines Sachverständigen in Wirtschaftstrafsachen, die ich im Rahmen eines weiteren Ermittlungsverfahrens erhalten habe, ergänzt. Was aber auf der sichergestellten Tonbandkassette immer vergessen oder im Nachhinein wieder verharmlost wird, ist die Risikoaufklärung. Es werden fast immer nur die Gewinnmöglichkeiten in Aussicht gestellt und hervorgehoben und das enorm große Verlustrisiko in den Hintergrund gestellt.

Was zudem so gut wie gar nicht erläutert wird, sind die enormen Gebühren, die von den Indroducing-Brokern, für die Geldanlagen einbehalten werden. Denn dies ist es, worauf es die Kapitalvermittler tatsächlich abgesehen haben. Den Vermittlern ist es vollkommen egal, ob ein Kapitalanleger Gewinne oder Verluste macht. Sie erhalten in jedem Fall ihre Kommissionen und Gebühren. Um so mehr Gebühren anfallen, desto besser ist es für die Vermittlerfirma, desto schlechter aber für den Anleger, weil die Gebühren ja von seiner Kapitalanlage, auch bei einem Verlust, gezahlt werden.

Zu den Gebühren wird den Kapitalanlegern vorab erklärt, das ein Disagio von 10 % der Anlagesumme für die Kosten der Vermittlerfirma einbehalten wird, dass heist, das schon mal zu Beginn 10 € der Anlagesumme weg sind.

Weiterhin sollten dann von dem möglichen „Riesengewinn" 15 % als Gewinnhonorar bei dem erfolgreichen Unternehmen bleiben. Dabei wird aber auch nicht erwähnt, dass ja erst einmal die zuvor abgezogenen 10 % Agio zunächst wieder hereingeholt werden müssen. Aber auf dieses Erfolgshonorar ist man bei diesen Firmen in der Regel gar nicht aus, weil der Betrag hier viel zu gering ist und eine Vermittlerfirma hiervon gar nicht existieren kann. Worauf es die Vermittlerfirmen abgesehen haben ist die so genannte Roundturn-Gebühr von bis zu 150 €. Hier liegt der eigentliche Zweck einer tatsächlichen Geldanlage an den Terminbörsen. Den Kunden wird in der Regel mitgeteilt, dass für das An - und Verkaufen eines Termingeschäftes oder einer Option, auch „Roundturn" genannt, eine Kommissionsgebühr von 80 e bis zu 150 € anfällt.

Nehmen wir in unserem Fall zur Vereinfachung eine Gebühr von 100 € an. Bei einer Kapitalanlage von zum Beispiel 10.000 € hört sich das noch relativ gering an, es fallen ja nur die besagten 100 € an Gebühr an. Dieser Roundturn-Gebühr hat der Kunde ja auch zugestimmt.

Durch geschicktes Befragen und Taktieren des Telefonverkäufers wird der Kapitalanleger nun dazu bewegt, das das vorhandene Risiko gestreut werden soll, indem man für seine Anlage nicht nur einmal ein Geschäft unternimmt, sondern seine Anlage in kleine Summen stückelt. Unter dem Aspekt der Risikostreuung - wenn ein Geschäft daneben geht, wird in dem anderen Geschäft ein Gewinn gemacht -, willigt der Kapitalanleger ein. Was aber geschieht, wenn die 10.000 € in zehn Geschäfte a 1.000 € aufgeteilt wird (zur angeblichen Risikostreuung), verschweigt man dem Kunden. Die Gebühren betragen dann plötzlich 1.000 €, nämlich 10 x 100 €, da nun zehn verschiedene Geschäfte durchgeführt werden, wo immer die Roundturn-Gebühr anfällt.

Die Geschäfte werden zudem in der Regel im Daytrading durchgeführt, was bedeutet, das heute etwas gekauft und wenige Stunden später sofort wieder verkauft wird. So kommt es, das bei unserem Beispiel pro Tag zehn Geschäfte durchgeführt werden. Hierbei ist es – wie schon gesagt - den durchführenden Tradern vollkommen egal, ob Gewinne oder Verluste eingefahren werden, weil sie in jedem Fall ihre Kommissionen erhalten. Bei neutralem Ausgang der Geschäfte ist das Geld dann in zehn Tagen vollständig verbraucht, obwohl oder gerade weil tatsächlich damit getradet wird.

Diese Vorgehensweise nennt man „Gebührenschneiderei oder auch Churning".

Ein Wirtschaftsgutachter und Sachverständiger für Wirtschaftsstraftaten definierte in einem meiner Verfahren den Begriff „Churning" folgendermaßen:

Churning ist der durch das Interesse des Kunden nicht gerechtfertigte häufige Umschlag des Anlegekontos, durch den der Broker oder der Vermittler oder beide sich zu Lasten der Gewinnchancen des Kunden Provisionseinnahmen verschaffen. Churning liegt immer dann vor, wenn ein Broker oder Vermittler nur deshalb viele Börsengeschäfte für den Kunden durchführt, um an den dadurch anfallenden Provisionen zu verdienen und die durchgeführten Transaktionen nicht den Anlagezielen und Interessen des Kunden entsprechen. Von Indizien auf durchgeführtes Churning spricht man, wenn mehr als 50 % der Verluste eines Kunden auf anfallende Kosten (Kommissionen, Agio, Gebühren, etc.) zurückzuführen sind.

Ein weiteres Indiz für Churning ist das Verhältnis der bei den Börsengeschäften angefallenen Kosten zu dem vorhandenen Kapital (Commission-to-Equity-Ratio). Hier wird der zeitliche Aspekt des Churnings berücksichtigt. Bei der Commission-to-Equity-Ratio werden die in einem Monat anfallenden Kommissionen zu dem durchschnittlichen Kontostand in diesem Monat in Beziehung gesetzt. Der Churning relevante Grenzwert für die Commission-to-Equity-Ratio liegt nach Auffassung der Commodity Futures Trading Commission (CFTC - US-Bundesaufsichtsbehörde, die den Futures - und Optionshandel an den Terminbörsen überwacht) bei 18 %. Überschreitet die Commission-to-Equity-Ratio den Grenzwert von 18 % bejaht die CFTC die Gebührenschneiderei.

Damit die Gebührenschneiderei einen etwas seriöseren Touch bekommt, arbeiten der Broker und der Vermittler (Itroducing-Broker) häufig zusammen. Dabei wird die Gebühr nicht in Deutschland bei dem Introducing-Brokker einbehalten, sondern von dem eigentlichen Broker in den USA oder in England. Der Kapitalanleger erhält von dort aus laufend Kontoauszüge, mit dem Nachweis, das mit seinem Geld gehandelt (getradet) wird. Diese Kontoauszüge sind aber in englischer Sprache und für einen Laien nur sehr schwer zu lesen. Auf diesen Kontoauszügen wird auch das eingehaltene Agio und die Roundturn-Kommission ausgewiesen. Diese Gebühr wird auf ein separates Konto des Introducing-Brokers beim eigentlichen Broker eingezahlt. Der Broker wiederum zieht von dieser Gebühr, die in der Regel weit über den branchenüblichen Beträgen liegt, seine tatsächlichen wesentlich geringeren Kosten ab und überweist dann das restliche Geld - auf ein dem Kapitalanleger - unbekanntes Konto des Introducing-Brokers zurück. Dies nennt man eine Kickback-Zahlung. Für den Vermittler bedeutet dies, je öfter er das Anlagekapital seiner Kunden umschichtet, desto höher sind seine eigenen Einnahmen aus den Rückflüssen vom Broker, unabhängig vom Erfolg der getätigten Börsengeschäfte. Die Vermittler sind grundsätzlich verpflichtet, ihre Kunden unaufgefordert über die Tatsache, das sie Rückvergütungen vom Broker erhalten, zu informieren. Dazu zählt auch die Angabe der Höhe der zu ihren Gunsten erfolgten Rückvergütungen. Diese Aufklärung unterbleibt in der Regel jedoch vollständig. Wer würde denn dann auch noch sein Geld bei dem Vermittler anlegen wollen, wenn klar wird, wie viel Gebühren sich der Vermittler selbst einsteckt.

Aber auch seriöse Banken verlangen für US-Kontrakte Gebühren. Diese liegen zwischen 33 - 50 US $ je Roundturn. Diese Gebühren sind als normal anzusehen, alles was darüber hinausgeht ist überhöht. Diese hohen Gebühren (80 - 150 € zu 33 - 50 €) verhindern eine realistische Gewinnchance der Kapitalanleger und stellen somit eine Schädigung der Kunden dar.

Die Gebührenschneiderei ist aber nur eine Methode das Geld des Anlegers zu minimieren und dafür den eigenen Geldbeutel zu füllen. In diesem Fall wird das Geld tatsächlich angelegt. Dies setzt aber nicht zwingend voraus, dass das immer geschieht. Ganz simpel und einfach ist es, das von Anlegern zur Verfügung gestellte Geld erst gar nicht anzulegen, sondern sofort in irgendwelchen dunklen Kanälen verschwinden zu lassen. Damit dies dem geprellten Kapitalanleger aber nicht sofort auffällt, erhält er regelmäßig Kontoauszüge mit Nachweisen des Tradings ins Haus geschickt. Diese Kontoauszüge sind aber gefälscht oder zumindest verfälscht. In der heutigen technisierten Welt ist es leicht möglich, tatsächlich originale vorhandene Kontoauszüge eines amerikanischen Brokers in den Computer einzuscannen und dann so zu bearbeiten, das diverse Namen und Anschriften von geprellten Kapitalanlegern in den Kopf des Auszuges eingefügt werden können. Diese so ge- oder verfälschten Kontoauszüge werden dann an den firmeneigenen Druckern ausgedruckt und den Kunden zum Nachweis der Anlage zugeschickt.

Originale Kontoauszüge erhält eine Vermittlerfirma zum Beispiel dann, wenn auch tatsächlich mal für einen Kunden Geld angelegt wird, zum anderen werden Kontoauszüge, wie die eingangs erwähnten Kundenkarteikarten der „Klopperbuden", unter den Vermittlerfirmen gehandelt und verkauft.

Diese Kontoauszüge weisen dann gegebenenfalls auch Verluste des Anlegers aus, womit dann erklärt wird wieso sein Geld weg ist. Wenn nun der Kunde seine Verluste bemerkt und sich telefonisch bei der Vermittlerfirma nach den Gründen erkundigen will, wird ihm zumeist mitgeteilt, dass sein vorheriger Berater Fehler gemacht habe. Daher habe der Berater gewechselt, der nun deutlich kompetenter sei und versuchen würde, die Verluste wieder auszugleichen. Gerne wird in diesem Zusammenhang auch auf die äußerst guten Kontakte in die Staaten an den jeweiligen Broker hervorgehoben. Um seinen Verlust nun wieder hereinzuholen und zusätzlich neue Gewinne machen zu können, müsse er - der Anleger - nun aber erst einmal neues Geld nachschießen, ansonsten ist die vorherige Einlage vollkommen verloren, denn ohne neuen Geld kann man natürlich nicht erneut handeln. Diese Summe ist dann natürlich auch wesentlich höher, als die Einstiegssumme, damit die Verluste schneller wieder ausgeglichen werden können.

Gerne wird ein Anleger auch mit dem Argument zu neuen Kapitalanlagen gelockt, indem ihm mitgeteilt wird, das er in ein bereits laufendes und schon im Gewinn stehendes Termingeschäft einsteigen kann, das ein anderer Kunde aus Finanznot hat verkaufen müssen.

Es wird angegeben, das man nur noch das Geld schicken braucht und gleich anschließend seinen Gewinn hereinholen kann. So schließt sich dann der Kreis, bis der Kunde kein Geld mehr schickt oder vollständig pleite ist.

So ist es tatsächlich in einem meiner Ermittlungsverfahren einem Anleger geschehen. Er schickte zunächst einen geringen Betrag an die Vermittlerfirma. Dieses Geld war schnell aufgebraucht. Anschließend wurde der Anleger dazu überredet weitere 50.000 € zu zahlen, die dann aber auch wieder verschwunden waren. Daraufhin nahm der Geschädigte eine Hypothek auf sein Haus auf und zahlte wiederum 100.000 €. Auch dieses Geld war dann weg, worauf er sich bei Freunden, Bekannten und Verwandten weitere 200.000 € lieh und dieses Geld auch verspekulierte. Im Nachhinein stellte sich die ganze Sache zwar als Betrug durch Churning heraus, die Täter wurden verurteilt aber das Geld war weg und blieb es bis heute. Der Anleger ist für den Rest seines Lebens bankrott und zahlt das verlorene Geld noch heute an die Bank und seine Bekannten/Verwandten zurück.

Nigeria-Connektion

Sicherlich jeder, der einen PC besitzt und ins Internet geht, kennt die Werbemails oder Spams, die aus dem Inn - und aus dem Ausland und deutscher oder auch englischer Sprache eingehen. Hierbei sollte man sich eigentlich ähnlich verhalten, wie bei unerwünschten Werbebriefen in der normalen Post, soll heißen: ungelesen löschen.

Leider geschieht dies nicht immer, denn so kommt es vor, dass

Geschädigte millionenfach via Mail Geschäftsanbahnungsversuche aus dem afrikanischen Kontinent erhalten. Erhielten Geschäftsleute früher Briefe aus Nigeria oder Südafrika in englischer Sprache, so kommen verstärkt seit dem Jahr 2000 im Zuge der Fortschreibung der Technologie so genannte Spam - Emails an, mit denen Anleger aufs Kreuz gelegt werden sollen. Dabei variieren nun die genannten Geschichten. Neuerdings werden diese Mails auch in haarsträubender Deutscher Sprache verfasst.

Teilweise werden die Adressen der Angeschriebenen durch Suchfragmente zufällig getroffen, teilweise aus anderen Quellen, wie Telefonbüchern, Gelbe Seiten ... entnommen. Verbreitet werden die Schreiben überwiegend in Europa und Nordamerika, zunehmend auch in Ländern des ehemaligen Ostblocks. Neben Nigeria sind in den letzten Jahren zahlreiche weitere afrikanische Staaten wie Togo, Ghana, Sierra Leone, Elfenbeinküste, Kongo und Südafrika als Absenderländer bekannt geworden. In letzter Zeit kommen die Mails jedoch auch aus Kanada, Singapur, Thailand, Mauritius, den Philippinen oder Korea oder dem benachbarten europäischen Ausland. Vermutlich soll dadurch der Bezug nach Afrika verschleiert werden, um den Zusammenhang mit dieser (bereits einschlägig bekannten) Betrugsmasche zu verschleiern. Zweck dieser ersten Kontaktaufnahme ist einzig und alleine, den Empfänger neugierig zu machen oder ihn ein gutes Geschäft "wittern" zu lassen.

In diesen Schreiben bitten überwiegend nigerianische Firmen oder Privatpersonen - oftmals angebliche Staatsangestellte - um Mithilfe deutscher Staatsbürger, um Gelder ins Ausland transferieren zu können. Als Belohnung für die Mithilfe werden bis zu 30 % der Summe, die in der Regel zwischen 20 und 45 Millionen US-Dollar liegen, in Aussicht gestellt. Bekundet jemand sein Interesse an dem angebotenen „Geschäft", wird er häufig um Bekanntgabe persönlicher Daten (z.B.

der Kontoverbindung u. a.) gebeten und erhält im Rahmen weiterer Kontakte auch per Telefax zahlreiche, offiziell aussehende Schreiben von angeblichen Banken, Firmen oder staatlichen Institutionen. Hierzu gehören vermutlich auch gefälschte Schreiben mit dem Briefkopf der Europäischen Zentralbank oder europäischer Firmen zur Bestätigung des möglichen Geschäfts.

Es kommt auch vereinzelt vor, das Lichtbilder oder Passkopien der anfragenden Personen zum Beleg der tatsächlichen Existenz übersandt werden. Es stellt sich dann aber später heraus, das diese in aller Regel erschlichen, verfälscht oder gestohlen waren. Dazu ist anzumerken, das es In Nigeria einfacher ist, ein Dokument mit Falschpersonalien zu erhalten, als ein echtes Dokument zu verfälschen. Die Korruption lässt hier grüßen.

Manchmal soll aber auch der Angeschriebene eigene Briefbögen zusenden, die dann wiederum vermutlich für Betrügereien, Erschleichung von Visa etc. verwandt werden.

Die Herkunft der angebotenen Gelder wird in den Schreiben vielfältig erklärt:
Früher wurde angegeben, dass es sich bei diesen Geldern um angeblich durch Steuerhinterziehung oder Schmiergelder gewonnene Riesensummen handeln soll, heute sind es Erbschaften - wobei die Verstorbenen meist durch Flugzeugabstürze ums Leben gekommen sind -, abgezwackte Gelder von Entwicklungshilfen oder große Auslandsinvestitionen.

Unter anderem werden auch die nachfolgenden Herkunftsmöglichkeiten benannt, wobei diese Liste nicht abschließend ist:
unterschlagenes Firmenvermögen, unverhofft aufgetauchte Familienschätze, Verbringung von Staatsgeldern abgesetzter Herrscher, Gelder von politisch und sonstig Verfolgten (auch mit

Bezug zu Staaten des ehemaligen Jugoslawien), Kriegsbeute aller Art (z.B. Golfkrieg bzw. Afghanistan- oder Irakkrieg) , illegaler Erlös aus aufgefundenem Rauschgift, Nachlass aufgelöster Firmen (z.B. zur Unterstützung des Fußballsportes in Afrika), Lotterie- oder Gewinnspiele, Gelder aus dem Handel mit Farmern in Afrika oder aus dem Einkauf von Fahrzeugen aller Art und und und.... .

Meistens laufen die Geschäfte in mehreren Phasen ab, die mehr oder weniger lange andauern. Zunächst meldet sich ein hochrangiger Geschäftsmann oder Banker aus einem afrikanischen Land bei dem Anleger, der dann folgende oder eine ähnliche Geschichte zum Besten gibt:

Ein Ingenieur und Unternehmer, der angeblich für die Regierung tätig gewesen sein soll, sei vor einigen Jahren bei einem Flugzeugabsturz ums Leben gekommen. Wie es der Zufall will, war der Verstorbene Kunde der Bank in Nigeria gewesen, wo der Banker nun arbeiten würde. Daher wisse er, dass der Verstorbene ein Kontoguthaben von zuletzt 18,5 Millionen Dollar gehabt habe. Dieses Geld müsse eigentlich an die Nachkommen oder sonstige Verwandte des Verstorbenen ausgezahlt werden. Natürlich habe sich das Management der Bank nach dem tragischen Tod des Kunden um Kontaktaufnahme zu etwaigen Verwandten bemüht, jedoch, leider, leider, bislang vergeblich. Offenbar hat das Absturzopfer weder Frau noch Kinder noch sonstige Angehörige.

Nun drohe der Anspruch auf die üppige Erbschaft zu verfallen. Damit würde die schöne Summe, so stellt es der vermeintliche Bankmitarbeiter aus dem fernen Nigeria dar, an irgendeinen afrikanischen Fond ausgezahlt, der damit nur Waffen und Munition für eine der zahlreichen Freiheitsbewegungen des Kontinents kaufen werde.

Es kommt aber auch vor, dass die Suche nach den Hinterbliebenen des Verstorbenen tatsächlich erfolgreich war. Leider stellt sich aber heraus, dass diese Verwandten ebenfalls einer militärischen Freiheitsbewegung angehören und das Geld dann auch wieder nur für Waffenkäufe endet.

Möglich ist es aber auch, dass die Angehörigen vom Staat verfolgt werden und dieser bei Auszahlung des Geldes sofort Zugriff darauf nimmt und damit das schöne Geld wiederum weg sei.

Glücklicherweise ist aber Lösung ist in Sicht. Der afrikanische Banker schlägt nun dem angemailten Deutschen vor, dass sie sich als Verwandte des plötzlich Verstorbenen ausgeben sollen. In Nigeria würden sie zur Unterstreichung ihrer Angaben von ihm und seinen Kollegen unterstützt. Nach Erledigung der Formalitäten könnten dann risikolos die 18,5 Millionen Dollar auf ihr deutsches Konto überweisen werden. Als Lohn für den geringen Aufwand werden 30 Prozent der Gesamtsumme versprochen zehn Prozent gingen aber leider für die Überweisungsbearbeitung drauf und die restlichen 60 Prozent fielen an den afrikanische Banker und seine Kollegen für die erfolgten Leistungen in Afrika.

Das Geld soll dann aber nicht verjubelt werden, sondern man wollte das ganze Geld maßvoll anlegen natürlich in Deutschland. Das alles muss natürlich „total vertraulich" und „geheimnisvoll" ablaufen.

Solche oder ähnliche Schreiben habe ich in Gänze von den angeschriebenen Personen erhalten. Hat sich eine "Geschichte" zu weit herumgesprochen oder ist durch die Presse bekannt geworden, wird eben einfach eine neue erfunden.

Die Anfragen richten sich aber neben den Bitten nach der Bereitstellung und Verfügbarkeit von privaten Konten oder ähnlichem auch auf die Ausstellung fingierter Rechnungen, die Überlassung von Blanko-Geschäftspapieren, die Leistung von Vorauszahlungen oder Vorablieferungen für in Aussicht gestellte Geschäftsabschlüsse. Den Anlegern werden, wie oben benannt - riesige Provisionen versprochen, wenn sie sich für die Scheingeschäfte zur Verfügung stellen.

Sooft sich die Geschichten ändern, eins bleibt jedoch immer gleich: Der gewonnene Interessent an einer solchen Transaktion soll immer nur im Rahmen eines Vorausgebührenbetruges gelinkt werden. Ist erst das Interesse (oder die Gier) an den üppigen Provisionen geweckt und hat das Opfer erst einmal "angebissen" müssen plötzlich happige Gebühren für angebliche Provisionen, Verwaltungs- oder Versicherungskosten oder sonstige teure "Geschenke" vorab überwiesen werden. Und genau das ist es, worauf es die Betrüger einzig und alleine abgesehen haben.

Hat der Interessent Zahlungen geleistet, kommen die Betrüger meistens kurz vor der ausgehandelten Geschäftsabwicklung scheinbar wieder in Schwierigkeiten. Es verzögert sich die angebliche Auszahlung des Millionenbetrages immer wieder wegen unterschiedlicher Schwierigkeiten", die nur durch Zahlung weiterer Beträge beseitigt werden können. So werden z.B. angeblich Gelder zur Bestechung von Zollbeamten benötigt oder aber es müssen Vorausgebühren / Kautionen zur Auslösung der betreffenden hohen Geldsumme bezahlt werden, die der Anleger natürlich vorstrecken soll.

Nicht selten werden zur Übergabe des Geldes persönliche Treffen im europäischen Ausland (derzeit bevorzugt London, Amsterdam und Madrid) arrangiert. Seriös gekleidete Herren präsentieren dann einen Koffer mit schwarz eingefärbten Geldscheinen (beliebt sind US-Dollars oder Schweizer Franken), die nur mit einer teuren Chemikalie wieder entfärbt werden können. Hier ergeben sich auch Überschneidungen zum so genannten "Wash-Wash-Trick". Das Wash-Wash-Verfahren werde ich anschließend noch näher erklären.

In Einzelfällen werden die Opfer auch nach Afrika gelockt. Die Flug – und Unterbringungskosten in Südafrika wurden natürlich von dem / den Opfern selbst bezahlt. Vor Ort wird Ihnen entweder geschmeichelt und eine nette

„Schwester" des afrikanischen Geschäftspartners während der Aufenthaltsdauer an die Seite gestellt.

In einem Fall kam es dann auch vor, dass dem nach Südafrika gelockten Deutschen tatsächlich in einer Bank die versprochene Geldsumme in einem Safe gezeigt wurde. Hierbei spielte ein angeblicher Bankdirektor mit und zeigte das in der Bank deponierte Geld. Dem Kunden wurde sogar die Möglichkeit gegeben irgendein Geldbündel aus dem ordentlich gestapelten Geldbündeln herauszuholen, um es auf die Echtheit zu überprüfen. Und tatsächlich, das Geld war echt. Um das Geld dann „frei" zubekommen, musste der Geschädigte dann aber wiederum zunächst die „üblichen" Bankgebühren vorstrecken. Manchmal werden die Millionenbeträge auch auf Bankkonten in der Karibik im Internet (durch gefälschte Seiten) "nachgewiesen".

Es kam aber auch vor, das der nach Afrika gelockte Geschädigte unter Drohung und Einsatz körperlicher Gewalt zur Zahlung weiterer Summen erpresst wurde.

In jedem Fall ist es bislang so gewesen, dass es bisher niemals tatsächlich zu einer Übergabe oder Überweisung der angeblichen Millionenbeträge kam. Allerdings waren alle vorab gezahlten Beträge ausnahmslos verloren. Aber, nun mal ehrlich, wer hätte nun auch etwas anderes erwartet. Anschließend wurde hier Strafanzeige erstattet, mit der Hoffnung, dass die hiesigen Strafverfolgungsbehörden das verlorene Geld wieder zurück holen.
Die Ermittlungen deutscher Justizbehörden in diesen Fällen sind dann sehr kompliziert und mühsam. Die Zusammenarbeit mit den nigerianischen Behörden ist trotz Einsatzes deutscher Verbindungsbeamten nach wie vor völlig unzureichend, so dass positive Ermittlungsergebnisse bislang kaum erzielt werden konnten. Für den Bereich der Elfenbeinküste bzw. Südafrika wurden zwar Ermittlungen bekannt, diese sind jedoch in aller Regel auch dort

ergebnislos verlaufen. Polizeiliche Zusammenhänge lassen sich auf Grund der ständig wechselnden Namen nur schwer herstellen. Auch wenn der in diesem Deliktsbereich häufig verwendete Begriff "Nigeria-Connection" die Vorstellung erweckt, dass es sich hierbei um eine mehr oder weniger fest umrissene Organisation handelt, stellte sich heraus, dass dies nicht der Fall ist. Meistens handelt es sich um getrennt von einander unabhängig agierende Tätergruppen, die nur von einander die Betrugsmaschen tauschen.

Die verwendeten Internetadressen und Telefonnummern der Betrüger lassen sich kaum zuordnen und führten in nahezu allen Fällen zu Prepaid-Handys, öffentliche Telefone oder Internetcafes.

Im Rahmen der internationalen Zusammenarbeit mit der nigerianischen Polizei wurden Schätzungen angegeben, wonach es wöchentlich ca. 30 000 unseriöse Geschäftsofferten aus Nigeria per Brief, Fax oder E-Mail geben soll. Auch wenn die meisten Angebote unglaublich klingen, geht in der Regel jeweils maximal einer von 1000 Adressaten darauf ein. Auch in den Jahren 2003 und 2004 wurden nicht unerhebliche Beträge aus Deutschland an diese Tätergruppen bezahlt. Das Dunkelfeld der nicht bei der Polizei erstatteter Anzeigen dürfte ziemlich groß sein. Es ist ja auch recht peinlich, wenn man angeben muss, auf welche Art und Weise man betrogen wurde und wie „blauäugig" man war.

Wenn ich bisher von fast unglaublichen Varianten von Betrügereien der „Nigeria-Connection" geschrieben habe, so werden die folgenden Varianten noch unglaublicher erscheinen. Aber, ob sie es mir nun abnehmen oder nicht, sie sind wirklich vorgekommen.

Gemeint ist die Methode des Wash-Wash-Verfahrens. Dabei soll mit Hilfe von echtem Geld scheinbar falsches Geld hergestellt werden, das heißt, aus einem echten Schein sollen drei oder mehr echte Scheine werden. Sie fragen sich, wie das wohl gehen soll??? Diese Frage stelle ich mir auch ständig, wenn ich so etwas höre oder lese. Haben die Geldscheine Sex miteinander und vermehren sich dadurch ??? Wenn ja, werde ich hier zum Kuppler und mache eine Geldschein-Orgie nach der anderen....

So einfach ist es aber auch wieder nicht Geldscheine zum Sex zu bewegen. Für diese „Anmache" werden verschiedene Chemikalien als Utensilien und zuvor bereits eingefärbte echte Geldscheine benötigt, die dann vor den Augen der Interessenten im Rahmen einer wundersamen Vermehrung in „Falschgeld" umgewandelt werden. Typisch für diese Betrugsvariante ist hierbei die Vorführung der tatsächlichen Möglichkeit des „Waschens" bzw. „Duplizierens" von Falschgeld. Dabei dienen die Vorführungen nur dazu, den Interessenten von der tatsächlichen Möglichkeit der einfachen Falschgeldherstellung zu überzeugen. Das erste Gespräch mit dem Hinweis auf die wunderbaren Geldvermehrung / Geldverfälschung findet meist in einer dem „Kunden" vertrauten Umbebung, wie z.B. seinen eigenen Firmenräumen, einem bekannten Cafe oder Restaurant... statt. Hier wird zunächst nur das Interesse das „Kunden" abgeprüft. Die eigentliche Vorführung wird einige Zeit später nach Terminabsprache in einem Hotelzimmer durchgeführt. Hierbei wird von den Anbietern ein Zimmer angemietet, dass meist in bar bezahlt wird, während der „Kunde" etwas abseits wartet. Die Bargeldzahlung und das Abseitsstehen des „Kunden" dienst dazu, dass später der Name des Anbieters nicht ermittelt werden kann. In dem Hotelzimmer wird von dem Anbieter zunächst die Vorführung vorbereitet. Um die ganze Sache als schwieg und knifflig oder auch als gefährlich darzustellen, zieht sich der Falschgeldhersteller Handschuhe an. Fingerabdrücke werden somit auch nicht hinterlassen. Dann werden auf einem Tisch Fläschchen mit geheimnisvollen Flüssigkeiten und Dosen oder Tütchen mit undefinierbarem Pulver bereit gestellt. Die für die Prozedur benötigte Alufolie und zwei schwarze Papierblätter in Größe von normalen Geldscheinen, werden anschließend ebenfalls einer mitgebrachten Tasche entnommen. Der Kunde wird nun darum gebeten, einen echten Euroschein, dessen Wert vorgegeben wird (meistens 20 oder 50 €-Schein), abzugeben. Er wird aufgefordert, die Nummer seines Geldscheines aufzuschreiben, um den echten Geldschein später wieder herausfinden zu können. Die beiden schwarzen Papierblätter werden nun passgenau auf den echten Geldschein gelegt.. Danach beginnt die eigentliche Prozedur, die bis zu einer Stunde andauern kann. Während dieser Zeit werden die „Scheine" mit den verschiedenen Flüssigkeiten, die allesamt nach Chemikalien riechen, beträufelt. Danach kommt ein Pulver zum Einsatz und wird nun auf die mit den Chemikalien behandelten Scheine gestreut. Dieses so behandelte Päckchen wird anschließend in die Alufolie gelegt und umwickelt. Gelegentlich wird auch noch Paketpapier benutzt, womit das Päckchen dann vollständig umwickelt wird. Nach einiger Zeit wird das Päckchen dann mit Leitungswasser abgespült und in der Alufolie hin und her geschwenkt. Und wundersam verlässt schwarz eingefärbtes Wasser das Alupaket. Dann wird die Alufolie abgewickelt und soll man es nicht glauben: Die Farbe der beiden aufgelegten zunächst schwarzen Papierblätter ist verschwunden und zum Vorschein kommen zwei „echte falsche" Geldscheine. Dem Interessenten werden nun diese drei Geldscheine mit der Aufforderung seinen echten Schein aus den drei Geldscheinen heraussuchen, was nun nur noch anhand der zuvor aufgeschriebenen Geldscheinnummer möglich ist, übergeben. Die anderen beiden Scheine haben, trotz der wundersamen Geldvermehrung, unterschiedliche Nummern. Den verdutzten Kunden wird erklärt, dass die vorgeführte Prozedur deshalb notwendig ist, um die zuvor exakt vorbereiteten Falschgeldscheine mit der Originalfarbe des echten Geldscheines einfärben zu können. Deshalb sei zur Herstellung von jeweils zwei falschen Scheinen immer ein echter Geldschein erforderlich. Dem Kunden wird nun sein echter und ein „falscher" Schein mitgegeben. Es folgt der Rat, den falschen Schein einmal beim Einkauf zu testen, um festzustellen, dass die Fälschung so perfekt ist, dass sie niemanden auffallen wird. Anschließend werden alle Utensilien wieder eingepackt und das Zimmer vor dem Verlassen penibel gelüftet, gereinigt und gesäubert. Im Anschluss daran wird noch einmal geprüft, ob der Kunde nun tatsächlich glaubt, dass man Falschgeld mit der vorgeführten Prozedur herstellen könne. Wenn dies bejaht wird, wird darauf hingewiesen, das er für die eigentliche richtige Falschgeldherstellung natürlich einen höheren eigenen Geldbetrag, mindestens 50.000 - 100.000 €, mitbringen müsse. Diese hohe Summe sei erforderlich, da man eine höhere Summe an Falschgeld herstellen wolle, um die hohen Koten der erforderlichen Chemikalien anschließend bezahlen zu können. Mit dem mitgebrachten Geld könne dann bis zu 100.000 - 200.000 € Falschgeld hergestellt werden. Dieses Falschgeld würde anschließend jeweils zur Hälfte geteilt. Zudem könne der Kunde sein echtes Geld auch wieder mitnehmen.

Nach der Übergabe des Geldes im Verlauf des nachfolgenden Treffens für die nun endgültige Falschgeldherstellung, werden die potentiellen Kunden betrogen. Ausschließlich dazu dient die gesamte Anlaufphase und die erste Vorführung der Falschgeldherstellung. Bei der eigentlichen „richtigen" Falschgeldherstellung werden die Kunden entweder abgelenkt, so das das Geld entwendet werden kann oder sie werden dazu bewegt, dass Geld kurzfristig abzugeben, weil die Prozedur in einem Nebenraum stattfinden soll, zu dem der Geldgeber natürlich keinen Zutritt hat. Gelegentlich wird auch Gewalt angewendet und dem Kunden wird das Geld einfach geraubt.

Am Kuriosesten fand ich allerdings die Methode, wonach die Falschgeldherstellung im Beisein des Kunden durchgeführt wurde. In der Regel hat sich der Falschgeldhersteller zur Unterstützung noch einen weiteren Mitarbeiter dazugeholt. Wie schon bei der ersten Vorführung wird wieder ein Packet mit echten und falschen Scheinen zusammengeschnürt und mit Packpapier umwickelt. Es kann auch sein, dass mehrere Pakete hergestellt werden, da der Kunde ja aufgefordert wurde, eine größere Anzahl an echten Geldscheinen mitzubringen. Irgendwann verschwindet einer der Hersteller mit diesem oder den Paketen kurzzeitig in einem Neben- oder dem Badezimmer, während der Geldgeber von dem anderen Mitarbeiter abgelenkt wird. In dem Nebenzimmer werden dann die zusammen hergestellten Pakete gegen andere am Körper getragene mitgebrachte Pakete, dass ebenfalls mit Packpapier umwickelt ist ausgetauscht.

Sicherlich kann man sich vorstellen, dass in diesem Paket keine echten Geldscheine mehr vorhanden sind. Danach wird dem Kunden mitgeteilt, dass die Wartefrist für die „chemische Verbindung von echten und falschen Scheinen " bei dieser Größenordnung" naturgemäß länger dauert als bei der kleinen Vorführung. Außerdem müsse jetzt auch starker Druck auf die Pakete ausgeübt werden. Dazu wird in der Regel ein Möbelteil aus dem Zimmer ausgesucht. So kann es vorkommen, das ein Schrank oder ein Tisch für den dauerhaften Druck auserkoren wird und auf die Geldpakete gestellt wird. Sollte nach Meinung der Hersteller dieser Druck nicht ausreichen, so wird noch ein anderer Gegenstand auf den Tisch oder Schrank gestellt. Da man nun nicht bis zum Ende der Prozedur warten will, die wie schon erwähnt mehrere Stunden oder auch einen Tag andauern kann, wird vereinbart, das Zimmer abzuschließen und zu verlassen und sich später wieder zum Auspacken der Pakete zu treffen. Den Schlüssel erhält der Geldgeber, damit er sicher sein kann, dass niemand außer ihm das Geld wegnehmen kann. Dreimal dürfen Sie nun raten, wer dann nicht zu dem ausgemachten Termin erscheinen wird.

Nachdem der Geldgeber nun den „Abgang" des Falschgeldherstellers mit seinem echten Geld festgestellt haben, scheut er sich natürlich eine Strafanzeige zu erstatten - war er doch an der Herstellung von Falschgeld selbst mit beteiligt -.

PENNY STOCKS

Penny Stock sind Aktien mit Wertangaben im Cent - Bereich. Üblicherweise versteht man darunter die Aktien einer jungen Gesellschaft mit gerade wachsenden oder noch nicht vorhandenen Umsätzen, die zu sehr niedrigen Preisen (wenige Cent... je Aktie) gehandelt werden und nicht an einer Präsensbörse (wie z. B. die Börse in New York) notiert oder gelistet sind.

Das verblüffende ist aber, dass die nicht gelisteten Aktien im Wert von nur wenigen Cent tatsächlich eine Wertpapierkennnummer (WKN) haben oder haben können. Die Vergabe einer inländischen deutschen Wertpapierkennnummer ist sogar möglich, wenn bereits eine eigene nationale WKN, z.B. eine amerikanische oder englische, vorhanden ist. Eine inländische WKN kann dann auf Antrag vergeben werden.

In der Regel werden Penny Stocks am drittgrößten Aktienmarkt der Welt und der zweitgrößten in den USA gehandelt, und zwar an einem unteren Marktsegment der NASDAQ (NASD - Automated Quotation System), dem so genannten OTC (was das nun wieder ist, erkläre ich gleich). Bei der NASDAQ handelt es sich um ein Computersystem zur Erfassung von Wertpapierkursen, u.a. auch von Kursen für OTC-Werte.

OTC ist die Abkürzung für "Over The Counter" was auf Deutsch "über den Ladentisch (Schaltertisch)" bedeutet. Hiermit sind Börsengeschäfte, Waren (inkl. Devisen und Aktien) gemeint, die - wie schon erwähnt - nicht an einer Präsensbörse gelistet werden. Es ist unbestritten, dass der US-OTC-Markt, soweit es Betrug und Manipulationen angeht, weltweit seinesgleichen sucht, weil hier dem Betrug „Tür und Tor„ geöffnet sind.

Während der eigentliche US-OTC-Markt immerhin noch ein klein wenig ein kontrollierter und regulierter Markt ist (was für den Investor aber nicht im mindesten ein Gütesiegel ist), gibt es hier viele Papiere, die noch nicht einmal an diesem - geschweige dann an einem anderen halbwegs regulierten Markt- gehandelt werden und vor allem an Ausländer, mit Vorliebe auch an deutsche Kapitalanleger, vertrieben werden. Dies sind die Papiere, die den Betrügern aber am besten gefallen.

Eigentlich ist es für jedermann möglich, eine Werthaltigkeit oder die Spekulativität der angepriesenen Wertpapiere zu überprüfen. Während werthaltige Papiere in den "Pink Sheets" oder im "NASDAQ-System" gelistet sind, sind unsere wertlosen Papiere darin meistens nicht enthalten. Das weiß jedoch selten jemand.

Aber jetzt kam schon wieder so ein Fachbegriff, der zunächst erklärt werden muss. Was sind die Pink Sheets?

Der Name "PINK SHEETS" stammt von der ehemaligen Rosa Farbe der Blätter, auf denen die Informationen der Wertpapiere herausgegeben worden sind. Hier werden die "Kurse" (besser Angebots (ASK)- und Rücknahmepreise (BIT) der "Market Maker") von Wertpapieren in den USA veröffentlicht, die nicht an einer Präsensbörse gehandelt werden.
Die Pink Sheets werden täglich herausgegeben. Hierin enthalten sind allerdings nur Wertpapiere, die gemeldet wurden, wenn die erforderliche Gebühr bezahlt und die Wertpapiere entweder bei der amerikanischen Börsenaufsicht, SEC, registriert wurde oder aber von der Registrierung ausgenommen worden sind. Ansonsten gibt es für eine Veröffentlichung in den „Pink Sheets" keine besonderen Zulassungsvoraussetzungen. Da die dort geführten Titel weder gesetzliche Mindestanforderungen erfüllen noch

bei der SEC registriert sein müssen, gelten Geschäfte mit Pink-Sheet-Titeln als äußerst riskant.

Von den täglich allgemein zu tausenden veröffentlichten Werten, werden aber nur Teile davon in den PS veröffentlicht und selbst diese müssen dann aber auch nicht zwingend in das übergeordnete "NASDAQ-System" übertragen werden. Alle anderen Wertpapiere, als die in den Pink-Sheets veröffentlichten, sind somit nirgendwo aufgeführt.

Kommen wir nun zu der Entstehung der Preise / Kurse der Wertpapiere.

Die Preise der nur in den PS veröffentlichten Werte werden von einem "Marketmaker" oder Broker anhand der gehandelten Stückzahl und des Bietgebotes festgelegt und dann von einem zum anderen Broker übermittelt. Die Kurse werden in den Pink Sheets eigentlich nur dann aktualisiert, wenn sie von einem Broker, der bereit ist die Aktien zu handeln, auch täglich dorthin gemeldet werden. Dies muss aber wiederum nicht zwingend der Fall sein.

So kommt es, dass die "Kurse" an den Pink Sheets oft hoffnungslos veraltet sind und von Broker zu Broker auch weit auseinander liegen.

Nur Aktien, die im gewissen Gesamtwert oder in einer hohen Stückzahl an einem Tag gehandelt worden sind, müssen von einem Marketmaker gemeldet werden. Alle anderen Aktien, die diese Grenzen nicht erreicht haben, brauchen somit auch nicht gemeldet werden.

Bei Aktien, die nicht in den Pink Sheets und auch nicht im NASDAQ-System aufgeführt sind, steht betrügerischen Manipulationsmöglichkeiten in der Preisgestaltung somit "Tür und Tor" offen.

Eine seriöse Kontrolle der "Kurse" ist so gut wie unmöglich und auch äußerst unwahrscheinlich.

Aber selbst dann, wenn nicht betrogen und manipuliert wird, ist dieser Markt nach Untersuchungen in den USA so hoch spekulativ, dass ca. 70-80 % der Investoren einen Totalverlust erleiden.

Bzgl. der tatsächlichen Werthaltigkeit von US-OTC-Aktien kann man zumindest für alle Aktien, die unterhalb des eigentlichen „NASDAQ-Systems" im „Electronic Bulletin Board" oder noch darunter in den „Pink Sheets" notieren, abschließend sagen muss, dass solche veröffentlichten „Angebotskurse" (ASK / BID) hinsichtlich der tatsächlichen Werthaltigkeit solcher Aktien absolut keine Aussagekraft haben. Zur Werthaltigkeit von „Penny Stocks" am US-OTC-Markt kann nur gesagt werden, dass, nur weil dort ein Kurs vorhanden ist, es absolut kein Indiz dafür ist, dass dieser Kurs auch realistisch ist und es einen Markt für die Aktien gibt.

Nun kommt es vor, dass Inhaber von Penny-Stocks, als Nachweis der Werthaltigkeit oder der tatsächlichen Existenz der Aktien Brokerkontoabrechnungen zugesandt bekommen. Hier ist aber zu erwähnen, dass oftmals total gefälschte Brokerkontoabrechnungen, bei denen nur die Anschrift und die Rufnummer des Brokers geändert wurden verschickt worden sind. Wenn der Kunde dann dort anrief, war er sofort mit der "Betrugszentrale" verbunden. Hier wurden ihm alle Bedenken durch bereitwillige und umfassenden Auskünfte auf seine Fragen zerstreut und dem zweifelnden Kunden seine Kontoauszüge und damit die Werthaltigkeit seiner Aktien bestätigt.

So, nun haben wir uns aber genug mit den Grundlagen, der Registrierung und der Werthaltigkeit von Penny Stocks beschäftigt. Diese Vorkenntnisse sollten fürs Erste ausreichen, um einen möglichen Anleger bei einem Vermittlungsversuch unseriöser Anbieter misstrauisch zu machen.

Wie geschehen solche Vermittlungen von Penny Stocks ?

Normalerweise hat "Ottonormalbürger" überhaupt keine Kenntnis von Penny Stocks und käme wahrscheinlich auch gar nicht erst auf die blödsinnige Idee sich solche Aktien in sein Depot zu legen, wären da nicht die ach so hartnäckigen und aufdringlichen Anrufer, wie schon im Fall der „Klopperbuden" bezeichnet. Auch hier wird dem potentiellen Anleger das "Blaue vom Himmel" am Telefon versprochen.

Der "Clou" dabei ist, das lediglich durch diese Kontakte die Nachfrage nach den angepriesenen Penny Stocks erzeugt wird. Dadurch werden die Kauforder und die Anzahl der vermittelten Penny Stocks in die Höhe getrieben. Der Broker oder Marketmaker wird dem entsprechend immer wieder einen neuen höheren Kurs ansetzen. Wenn nun ein Aktionär seine Penny Stocks wieder verkaufen würde, so hätte er tatsächlich einen Gewinn zu verbuchen, vorausgesetzt, er findet auch einen Käufer. Um den Anleger beim Kauf in Sicherheit zu wiegen, wird ihm nach den ersten Telefonaten zunächst ein so genannter Businessplan des angepriesenen Unternehmens mit wunderbaren Prognosezahlen für die zukünftige Entwicklung zugesandt.

Im Fall meiner Ermittlungsverfahren war es zudem so, dass man dem Kunden mitteilte, dass er die betreffenden Aktien, die bereits eine deutsche Wertpapierkennnummer hatten, über seine Hausbank erwerben solle. Damit würde das vermittelnde Unternehmen gar nicht mit dem Geld des Kunden im Berührung kommen, da ja alles über die Hausbank abgewickelt würde und die Aktien im jeweiligen Depot des Kunden eingelagert werden.

Sicherlich kann man sich jetzt fragen, wo hier ein Betrug vorliegen könnte. Auf den ersten Blick ist dieser auch gar nicht zu erkennen. Erst wenn dem Aktionär bewusst wird, dass ein Großteil seiner Anlage in Form einer "Kickbackzahlung" für Provisionen je vermittelter Aktie an das vermittelnde Unternehmen zurückfließt und das eigentliche Unternehmen, wenn es dieses überhaupt gibt, kaum etwas von der Anlagesumme erhält, wird ein Teilbereich des Betruges sichtbar.

Der andere Betrugsteil liegt darin, dass man dem Kunden bei der Vermittlung der Aktie mitteilt, dass er seine erworbenen Aktien so lange im Depot behalten soll, bis man ihm selbst rät, die Aktien zu verkaufen. Man habe selbst einen sehr guten Kontakt zu dem emittierenden Unternehmen und könne daher genau sagen, wann sich ein Verkauf der Aktien am besten lohne oder wann noch mit einer Kurssteigerung zu rechnen sei. Um den Kunden an dieses Geschäftsgebaren zu binden, wird er aufgefordert, seinen Ankaufsbeleg, den er von seiner Bank erhält, dem vermittelnden Unternehmen per Fax oder sonst wie zuzusenden.

Eventuell wird vom Kunden auch die Frage gestellt, wie sich das vermittelnde Unternehmen finanziert. In meinen Ermittlungsverfahren war es so, dass durch die Mitarbeiter angegeben wurde, dass der Aktionär nur bei einem Gewinn seiner Anlage eine Erfolgsprovision zu zahlen habe und er, der Vermittler, mittlerweile einen Ferrari fahren würde. Sollte er, der Kunde, einen Verlust erleiden, kämen keine Kosten auf ihn zu. Von den anderen Vermittlungsprovisionen, die als "Kickbackzahlungen" vom emittierenden Unternehmen zurückflossen, wurde natürlich nie gesprochen. Diese Aussagen führten zur Erfüllung von zwei Zielen der Betrüger.

Erstens: Der Anleger behielt seine Aktien, bis zur möglichen Verkaufsempfehlung.

Zweitens: Der Aktionär fühlte sich seiner Anlage sicher, weil er sich bestens betreut fühlte, da er ja nur bei einer Kurssteigerung die Erfolgsprovision zu zahlen hat.

Was der Aktionär aber nicht wusste, ist die Tatsache, das das vermittelnde Unternehmen bereits im Vorfeld der Aktienvermittlung vom Emittenten eine große Anzahl von Aktien (in der Regel einige 1000-tausend) erhalten hat. Nun wartete das vermittelnde Unternehmen nur darauf, das der Aktienkurs durch die eigene Propaganda und die daraus resultierenden Ankäufe deutlich stiegen. Das Unternehmen wusste ja, dass der Kunde seine Aktien ohne Verkaufsempfehlung nicht verkaufen würde und der Kurs daher steigen würde. Wenn der zu erzielende Kurs dann erreicht worden ist, wurden die eigenen Aktien "auf den Markt geworfen" und die satten

Kursgewinne selbst eingesteckt. Und das war das eigentliche Ziel der Betrüger. Die Kursgewinne der Anleger und die daraus resultierenden Erfolgsprovisionen waren völlig zweitrangig. Durch den plötzlichen Verkauf der eigenen Aktien und der anschließende Niedergang der Nachfrage, das ehemals vermittelnde Unternehmen vertrieb die Aktien ja nicht mehr, kam es zu einem erheblichen Kurseinbruch auf bis zu wenigen Cent. Fast alle Aktionäre, die ihre Aktien bis zu diesem Zeitpunkt behalten hatten, blieben dann auf ihren Verlusten sitzen, aber das war den ehemaligen Vermittlern egal, da sie ihre Gewinne bereits eingefahren hatten.

Diese Art des Betruges war und ist für die Ermittlungsbehörden schwer nachzuweisen, sind in diesen Fällen ja auch die jeweiligen Hausbanken zu eingehenden Beratungen verpflichtet. Zudem erhalten die Aktionäre ja auch tatsächlich ihre Aktien in ihr Depot überstellt, wenn sie auch eigentlich wertlos sind.

Vorbörsliche Aktien

Eine andere Art des Betruges ist für die Ermittlungsbehörden etwas leichter nachzuweisen, ohne aber für die Betrüger weniger effektiv oder gewinnbringend zu sein, weil die Strafverfolgungsbehörden immer erst zu spät eingreifen können. In diesem Fall werden ganz einfach Briefkastenfirmen, z.B. In den USA oder in England gegründet und dann vorbörsliche Aktien dieser Firmen vertrieben.

Sehr beliebt sind diverse Karibikstaaten oder das Fürstentum Liechtenstein oder Staaten in den USA. In den USA gibt es Anwaltskanzleien, die sich eigens darauf spezialisiert haben, für Ausländer, insbesondere Deutsche, Firmen zu gründen. Es werden sogar deutschsprachige Broschüren versandt, in denen ihre Tätigkeit ausführlich beschrieben wird. Deutsche Unternehmer, die eine „Zweigniederlassung „ in den USA gründen wollen, müssen nur angeben, zu welchem Zweck sie die amerikanische Firma benötigen.

Soll das deutsche Finanzamt umschifft werden, um Gewinne zu verschleiern und Steuern zu sparen, werden Zweigniederlassungen der deutschen Firma in den amerikanischen Bundesstaaten gegründet, die sehr steuerliberal sind. Will man als Firmeninhaber anonym bleiben, so wird die Firma dort etabliert, wo man sie unter dem Decknamen der agierenden Anwaltskanzlei eintragen lassen kann. Mit dieser Argumentation wird in der oben genannten Broschüre geworben. Die Interessenten müssen lediglich die Gründungskosten und die Anwaltskosten an die Kanzlei überweisen und schon wird die Firma ins Leben gerufen. Für die Zahlung weiterer Gebühren wird von der Kanzlei auch die Firmenpräsidentschaft in Form der Strohmannfunktion übernommen. Zudem kann auch ein Büroservice in den USA durch die Anwaltskanzlei gegen eine geringe Gebühr eingerichtet werden. Damit wird gewährleistet, das ein deutscher Kapitalanleger bei einem möglichen Kontrollanruf zur europäischen Tageszeit von einem deutschsprachigem "Firmenvertreter" angesprochen wird. Weiterhin wird auch der Postdienst eingerichtet, damit Briefe und Faxe unmittelbar nach Deutschland weitergeleitet werden können. Einem deutschen Anleger wird auf diese Art und Weise eindeutig verschleiert, das sich in den USA nur ein Briefkasten befindet. In den im Rahmen von Durchsuchungen aufgefundenen Broschüren der amerikanischen Anwaltskanzlei befanden sich bei meinen Ermittlungen so genannte "Flyer" mit Sonderangeboten von schon bereits angezahlten aber dann nicht weiter bezahlten Firmengründungen, die dann nur noch für den fälligen Restpreis erworben werden konnten. Mit dem Kauf einer solchen Firma erwirbt der Käufer auch gleichzeitig originale Aktienzertifikate zum Wert des von der US-Aufsichtsbehörde "genehmigten Stammkapitals" und ein Firmensiegel.

Dieses genehmigte Stammkapital nichts, aber auch gar nichts mit dem tatsächlichen Wert der Firma oder der Aktien zu tun. In good old Germany wird eine "Zweigniederlassung" der amerikanischen Briefkastenfirma gegründet. Aufgrund der originalen Stammaktie werden hier bei einer deutschen Druckerei neue Aktienzertifikate zu einem Nennwert von wenigen Cent bis zu einem Euro hergestellt. Beim Bundesamt für Finanzdienstleistungsaufsicht (Bafin) wird ein Wertpapierverkaufsprospekt hinterlegt. Nach Prüfung dieses Prospektes auf inhaltliche Formalien - und mehr macht das Bafin nicht - wird in der Regel die Genehmigung zum Verkauf der Aktien durch das Bafin erteilt. Für mich als Sachbearbeiter von Wirtschaftskriminalität ist es immer noch unverständlich, wieso keine behördliche Institution die in dem vorgelegten Verkaufsprospekt erforderliche aufgeführte Prognose oder tatsächlichen wirtschaftlichen Zahlen auf Richtigkeit oder Echtheit überprüft. Da diese Kontrolle fehlt, besteht die Möglichkeit, dass auf den "Nennwert" der Aktien von unseren „Firmeninhabern" noch ein willkürlich festgelegter Ausgabeaufschlag festgelegt wird. Dieser Ausgabeaufschlag wird meistens nach den Kosten für die Vermittlungsprovision (falls eine weitere Firma für den Vertrieb beauftragt wird) und / oder für den eigenen erwarteten Gewinn berechnet. So kommt dann ein vorbörslicher Aktienkurs für eigentlich vollständig wertlose Aktien zustande. Dann muss nur noch eine inländische Wertpapierkennnummer in Deutschland beantragt werden und es kann mit dem Verkauf der Aktien losgehen. In der Regel werden diese Aktien dann wieder von den Eingangs erwähnten "Klopperbuden" vermittelt. Aus Branchenbüchern werden wahllos Personen angerufen, den unter Vortäuschung falscher Tatsachen (baldiger Börsengang mit unheimlicher Wertsteigerung der Aktie von bis zu 200 % oder versprochener sehr hoher Dividenden je Aktie ...) und unter Angabe einer angeblichen Produktivität der Firma, die Aktien angedreht werden.

Wenn Sie nun glauben, dass doch niemand solche Aktien kaufen wird, so täuschen Sie sich gewaltig. In mehreren von mir bearbeiteten Großverfahren, die sich mit dieser Thematik befassten, wurden jeweils in einem Jahr durchschnittlich mehrere hundert Anleger um über fünf Millionen Euro geprellt.

Kursmanipulationen

Eine besondere Art des Betruges möchte ich nun anhand eines kleinen Sachverhaltes vorstellen:

Unaufgefordert wird ein vermeintlicher Kapitalanleger durch eine Dame oder einen Herren aus einem Callcenter angerufen. Nach einer kurzer Vorstellung wird angegeben, dass sie oder er im Auftrage einer Firma anrufe, die Aktien vermitteln würde. Unter anderem solle eine Aktie einer „Goldgräberfirma" vorgestellt und vermittelt werden. Es handele sich hierbei um eine Aktie, die bereits mit einer Wertpapierkennnummer an der deutschen Börse gehandelt würde. Diese Aktie solle der Kapitalanleger selbst über die eigene Hausbank oder Online erwerben. Lediglich den Ankaufsbeleg sollte der Kapitalanleger dann der Vermittlerfirma übermitteln, die die besten Kontakte zu dem Aktien-Emittenten habe und daher wisse, wann der beste Zeitpunkt zum Verkauf der Aktie wäre. Auf Anraten der Vermittlerfirma solle dann später die Aktie wieder verkauft werden. Von dem vermeintlichen Gewinn wolle der Vermittler dann 20 %

erhalten. Von diesen 20 % Gewinnbeteiligung würde die Firma sein Gehalt bezahlen, so dass sie oder er sich sogar einen hochwertigen PKW leisten könne. Die Firma oder der Vermittler selbst wolle sonst gar kein Geld von ihm erhalten, da ja alles über die Hausbank abgewickelt wird. Daher wäre ein möglicher Betrug ausgeschlossen.

Dem vermeintlichen Anleger wird nun die Aktie weiter vorgestellt. Dabei wird herausgestellt, dass es sich um Aktien einer jungen aufstrebenden Firma handeln würde. Daher läge der Aktienkurs zur Zeit auch nur bei wenigen Cent, was aber eine enorme Wertsteigerung zu erwarten habe. Es wird weiterhin vorgeschlagen, die Aktie bzw. Den Aktienkurs in den nächsten Tagen an der Börse zu verfolgen, damit er sich ein eigenes Bild machen könne. Tatsächlich wird der vermeintliche Kapitalanleger feststellen, dass die Aktie an einer deutschen Börse gelistet und gehandelt wird. Er wird auch feststellen, dass es in dem Beobachtungszeitraum tatsächlich zu einer kontinuierlichen Wertsteigerung des Aktienkurses gekommen ist. Einige Tage später erfolgt ein erneuter Anruf, mit der Nachfrage, ob der Anleger nun bereit sei, einige Aktien zu kaufen. Da der Angerufene nun mit einem „guten Geschäft" rechnet, erwirbt er über seine Hausbank nun einige Aktien. Da er feststellt, dass der Aktienkurs tatsächlich immer noch weiter steigt werden auf „erneuten Zuruf" der Vermittlerfirma erneut Aktien gekauft. Dies geht sogar einige Zeit gut, bis es plötzlich und unerwartet zu einem erheblichen Kursverfall bis zum Totalausfall kommt. Es erfolgen dann auch keine Anrufe der Vermittlerfirma mehr, bei eigenen Anrufen wird der Anleger vertröstet oder es erfolgt gar keine Verbindung mehr, so dass der Anleger sich dann betrogen fühlt.

Was ist hier passiert? Wieso könnte hier ein Betrug vorliegen, obwohl der Anleger doch Aktien über seine Hausbank gekauft hat, die auch tatsächlich in seinem Depot bei der Bank vorhanden sind ???

Um diese Sache erklären zu können, müssen wir uns den Börsenhandel zunächst etwas genauer ansehen.

Am Anfang steht ein Unternehmen, das Aktien ausgibt und dafür von Anlegern Geld bekommt, mit dem es arbeiten kann. Nur in diesem Moment hat der eigene Aktienkurs eine unmittelbare Bedeutung für das Unternehmen. Je teurer es nämlich die Aktien verkauft, desto mehr Geld kommt in die eigene Kasse.

Danach findet der Handel mit den Aktien nur noch unter den Anlegern an der Börse statt. Das Unternehmen selbst hat nichts mehr damit zu tun und bekommt auch kein Geld mehr dafür. Im Prinzip könnte es einer Aktiengesellschaft also egal sein, ob ihr Kurs an der Börse steigt oder fällt. Denn selbst wenn die Aktien crashen, erleidet sie daraus keinen Verlust. Einbußen müssen dann nur ihre Anteilseigner hinnehmen - die Aktionäre. Diese Tatsche müssen wir uns erst einmal vor Augen führen.

In unserem Fall bedeutet das, das von den „Tätern" zunächst eine Aktiengesellschaft gegründet wird. Sehr viel häufiger und vor allem auch preisgünstiger für unsere Täter ist es aber, einen Börsen – oder Firmenmantel zu kaufen, meist unter Nutzung ausländischer Gesellschaftsformen. Bei diesem Börsen – oder Firmenmantel handelt es sich um ein wertloses Firmengebilde ohne irgendeine wirtschaftliche Tätigkeit. Es besteht hier in der Regel nur ein Firmenbriefkasten. Wie der Ankauf/Gründung eines solchen Börsen / Firmenmantels geschehen kann, habe ich bereits im Kapitel „Vorbörsliche Aktien" beschrieben. Danach werden häufig Aktiensplitts der vorhandenen Aktien durchgeführt, um die Zahl der verfügbaren Aktien zu erhöhen. Daher kommt es dann auch, dass die Aktien in der Regel einen extrem geringen Nennwert mit Größenordnungen um 0,001 Cent haben.

Diese nun so supergünstigen Aktien müssen nun an einer oder noch besser mehreren deutschen Börsen eingeführt werden. Dazu bedient man sich eines Skontroführers oder einer Gesellschaft, die eng mit einem Skontroführer zusammenarbeitet. Der Skontoführer ist einem amerikanischen Marketmaker, den ich bei den Penny-Stocks erläutert hatte, in Deutschland gleichzusetzen. Der Antrag auf Einbeziehung der Aktien an einer Börse wird in der Regel durch den Skontroführer gestellt, dessen weitere Aufgaben in dem Feststellen von Börsenpreisen an einer deutschen Wertpapierbörse mit Parketthandel aus seinem Skonto, einem elektronischen Orderbuch mit allen Orders eines Wertpapiers, besteht.

Dabei kann der Skontroführer sowohl amtliche als auch Wertpapiere des geregelten Marktes und des Freiverkehrs betreuen.

Der Skontroführer gibt also durch den Geld- und Briefpreis regelmäßig eine Indikation über den Rahmen bekannt, in dem die nächste Preisfeststellung voraussichtlich erfolgen wird. Das Preisfeststellungsverfahren des Skontroführers wird von den Handelsüberwachungsstellen der Börsen überwacht. Zusätzlich überwachen die Börsenaufsichtsbehörden diesen Preisfeststellungsprozess. Die Neutralität des Skontroführers soll durch diese Kontrollen und gesetzliche Vorgaben sichergestellt werden. Fraglich ist jedoch, ob das tatsächlich so geschieht, da viele Skontroführer sich in einem Angestelltenverhältnis befinden und / oder eine Gewinnbeteiligung bei Aktienverkäufen besteht.

Nachdem die Aktie nunmehr durch den Skontroführer nunmehr an einer Börse eingeführt wurde, werden regelmäßig positive Nachrichten über die Aktie und den Emittenten veröffentlicht. Meist werden hierbei Kooperationen mit anderen unbekannten Unternehmen, die ebenfalls in höchsten Tönen gelobt werden, kurz bevorstehende Erfolge oder geplante Akquisitionen, verkündet. Die Aktien werden zudem in Börsenbriefen diskutiert und äußerst aggressiv in Spam-Emails und in Internetforen beworben. Zudem kommen die bereits erwähnten Telefonate durch Callcenter bei den augenscheinlichen Kapitalanlegern. Weiterhin wird in der Regel auch auf die Internethomepage des eigentlichen Emittenten verweisen, die für wenige Euro im Internet eingerichtet wurde. Auch hier soll der Interessent nachlesen, wie erfolgreich das Unternehmen ist oder in Zukunft sein wird. Ob die hier gemachten Angaben tatsächlich der Wahrheit entsprechen, wird meist von keinem der Interessenten tatsächlich überprüft, da sich die Hauptsitze der beworbenen Firmen in der Regel im weit entfernten Ausland befinden.

In Folge dieser Werbeaktionen werden dann auch eine Vielzahl von Aktienumsätzen getätigt, was wiederum zur Folge hat, dass der Aktienkurs steigt. Es kommt nicht selten vor, dass Kurse bis zu mehreren Euro erreicht werden.

Im günstigsten Falle eines tatsächlich bestehenden Unternehmens wird dieser Umstand dann von den „Altaktionären" genutzt, um ihre eigenen Aktien an der Börse zu verkaufen. Bei den Altaktionären kann es sich tatsächlich um das eigentliche Unternehmen handeln, muss es aber nicht.
In der Regel erhalten die Vermittler / Callcenter, wie ich schon erläutert habe, bereits im Vorfeld für die Bewerbung und Vermittlung der Aktien eine hohe Stückzahl eigener Aktien von den Unternehmen.
Im Falle eines Briefkastenunternehmens / Firmenmantels werden dann die vorhandenen Aktienpotentiale verkauft, wenn der Kurs auf ein bestimmtes Niveau angestiegen ist.
Wenn dieses Aktienpotential schlussendlich veräußert wurde, macht es keinen Sinn mehr die Werbetrommel weiter zu rühren. Daher versiegen nach wenigen Tagen oder Wochen die positiven Meldungen und Empfehlungen, was wiederum zur Folge hat, dass es keine Nachfrage nach der Aktie und somit keinen Käufer mehr gibt. Die Kurse fallen daher wieder auf ihren Ursprungswert zurück, den wir oben durch das

Aktiensplitting mit 0,001 Cent angegeben hatte. Die Aktie ist also wieder das, was sie eigentlich ist, ein wertloser und illiquider Börsenmantel.

In diesen Fällen wird das durch den Verkauf der wertlosen Aktien eingenommene Geld durch den Aktien-Emittenten und den Vermittler geteilt.

Es kann aber auch sein, dass Aktien von tatsächlich vorhandenen Firmen vermittelt werden, die aber nie verkauft würden, wenn nicht durch die Vermittlerfirmen die Werbetrommel gerührt würde.

Dann besteht eine weitere Möglichkeit für den Aktien-Vermittler an das Geld der Kapitalanleger zu kommen, darin, dass er erhebliche Provisionen von dem Aktien-Unternehmen erhält. Ich konnte in meinen Ermittlungsverfahren bisher Provisions – oder so genannte Kickbackrückflüsse über 20 – 33 % je vermittelter Aktie von dem Emittenten an den Vermittler feststellen. Das heißt, dass 1/ 3 des von dem Kapitalanleger gezahlten Geldes erst gar nicht bei dem Unternehmen landet, sondern sofort an den Vermittler abgeführt wird.

Es wird aber auch einige wenige Kapitalanleger geben, die noch in der ersten Phase der tatsächlichen Kursgewinne ihre Aktien verkauft haben und dadurch wirkliche Gewinne erzielt haben. Wie eingangs erwähnt beanspruchen die Vermittler 20% von diesen Gewinnen als Erfolgsprovision. Man kann es also drehen und wenden wie man will, der Aktienvermittler gewinnt immer.

Welche Möglichkeiten hat ein Interessent selbst festzustellen, ob er eventuell auf die o.g. betrügerische Vorgehensweise hereingefallen ist oder ihm gerade eine dieser Aktien angeboten wird?

Zunächst einmal gibt das Internet selbst einige Hinweise. So sollte ein potentieller Kapitalanleger sich die Homepage des vermeintlichen

Unternehmens genau ansehen. Hier werden in aller Regel ausländische Telefonnummern und Anschriften angegeben. Die Telefonnummern / Anschriften können / sollten anschließend im Internet recherchiert werden. Sollten sich unter den Einträgen dann mehrere verschiedene Firmennamen finden lassen, so könnte es sich hierbei um verschiedene Firmenmäntel handeln, die alle an ein und der selben Anschrift registriert sind.

In diesem Zusammenhang möchte ich auch einen kleinen Exkurs zu Angaben eines Aktienkurses machen.

Bei Börsenkursen wird unterschieden zwischen:

dem Kurs des Käufers oder Verkäufers:

- Geldkurs – Kurs des Käufers
- Briefkurs – Kurs des Verkäufers

dem Zeitpunkt der Kursfeststellung:

- **Eröffnungskurs** – Erster Kurs des Börsentages
- **Schlusskurs** – Letzter Kurs des Börsentages

der Art der Kursfeststellung:

- Fortlaufender Kurs
- Kassakurs (auch *Einheitskurs* genannt)

der Qualität des Kurses:

- Gehandelter Kurs

• **Taxakurs** – Kann für ein Wertpapier kein Kurs ermittelt werden, was bei umsatzschwachen Wertpapieren der Fall sein kann, so legt der zuständige Wertpapierhändler einen Schätzkurs, den *Taxakurs* fest (**Taxe**, **Kurstaxe**). Der Fall tritt dann ein, wenn es keine Aufträge gegeben hat und somit keine Umsätze getätigt wurden. Nur so kann dann ein Wert ermittelt werden.

Wenn wir eine Börsenzeitung aufschlagen finden wir zudem in der Regel hinter den abgedruckten Aktienkursen verschiedene Buchstabenkürzel, die angeben, inwiefern Angebot und Nachfrage sich gegenseitig decken konnten und wie die Kurse im Handelsverlauf zustande gekommen sind.

b	bezahlt	Angebot und Nachfrage werden ausgeglichen
bG, bezG	bezahlt Geld	Die zum festgestellten Kurs limitierten Kaufaufträge müssen nicht vollständig ausgeführt sein; es bestand weitere Nachfrage
bB, bezB	bezahlt Brief	Die zum festgestellten Kurs limitierten Verkaufsaufträge müssen nicht vollständig ausgeführt sein, es bestand weiteres Angebot
ebG	etwas bezahlt Geld	Die zum festgestellten Kurs limitierten Kaufaufträge konnten nur zu einem geringen Teil ausgeführt werden
ebB	Etwas bezahlt Brief	Die zum festgestellten Kurs limitierten Verkaufsaufträge konnten nur zu einem geringen Teil ausgeführt werden
ratG	rationiert Geld	Die zum Kurs und darüber limitierten sowie die unlimitierten Kaufaufträge konnten nur beschränkt ausgeführt werden
ratB	Rationiert Brief	Die zum Kurs und darunter limitierten sowie die unlimitierten Verkaufsaufträge konnten nur beschränkt ausgeführt werden
G	Geld	Zu diesem Preis bestand nur Nachfrage
B	Brief	Zu diesem Preis bestand nur Angebot
-	gestrichen	Ein Kurs konnte nicht festgestellt werden
-G	gestrichen Geld	Ein Kurs konnte nicht festgestellt werden; es lagen Billigst-Kauforders ohne Angebot vor
-B	gestrichen Brief	Ein Kurs konnte nicht festgestellt werden; es lagen Bestens-Verkaufsorders ohne Nachfrage vor
-T	gestrichen Taxe	Ein Kurs konnte nicht festgestellt werden; der Preis ist geschätzt

Quelle: Finanzkompakt.de

Neben diesen an den Börsen festgestellten Kursen gibt es Kurse, die von Maklern und Händlern über Direktgeschäfte festgesetzt werden, so genannte OTC (Over The Counter) -Kurse. Diese Kursinformationen werden nicht über Börsen vermittelt, sondern kursieren über Marktdatensysteme bei den Händlern. Diesen Bereich habe ich bereits unter dem Punkt „Penny Stocks" erläutert.

Alle diese Angaben sind für den Laien, der hier in der Regel angerufen und zu Aktienkäufen verleitet werden soll, sehr verwirrend und irreführend. Für uns sollen daher hier nur die relevanten Kürzel besprochen werden, die für die erste Kursfeststellung einer in unsrem Fall fraglichen Aktie erheblich sind.

Der Eröffnungskurs ist der erste Kurs des Börsentages. Die Börse eröffnet werktäglich um 09.00 Uhr. Aber bereits wenige Minuten vor Börsenbeginn können bereits von einen Aktieninhaber Kauf – oder Verkaufsorder von Aktien an den Skontroführer gegeben werden. Es kann also um 08.58 Uhr durch den Skontroführer eine Verkaufsorder von 1000 Stück der Aktie A zu z.b. 1,50 € in das Börsensystem eingegeben werden, obwohl die Aktie einen weitaus geringeren Nennwert haben kann. Der Skontroführer wird den Verkaufs-Kurs also in das Börsen-System eingeben. In diesem Moment bekäme die Order das Kürzel –**B**-, da nur ein Angebot aber keine Nachfrage vorhanden ist.

Eine Minute später, also noch vor Börsenbeginn, kann diese Verkaufsordner wieder zurückgezogen werden, so dass die Order gestrichen wird. Sie bekäme nunmehr das Kürzel –. Dennoch wird der Kurs zu 1,50 € im Börsensystem angezeigt, nunmehr aber mit dem Kürzel **T**, da der Kurs nun ohne ein durchgeführtes Geschäft „geschätzt" wird. Somit erscheint aber in jeder Wirtschaftszeitung und im Börsensystem der erste Kurs 1,50 –**T**. In den nachfolgenden Tagen könnte diese

Vorgehensweise mit leicht steigenden Kursen wiederholt werden. Wer die Kürzel nicht oder nicht richtig interpretieren kann, könnte meinen, dass die Aktie zu diesem Preis gehandelt wurde und das nunmehr steigende Kurse vorhanden sind, ohne dass es jedoch jemals tatsächlich irgendwelche Geschäfte stattgefunden haben. Zumindest ist davon auszugehen, dass potentielle Kapitalanleger von Telefonanrufern auf diese Kurssteigerungen aufmerksam gemacht werden.

Irgendwann wird es dann aber tatsächlich zu Aktiengeschäften kommen, da ja tatsächlich wie in unserem Fall durch aggressive Werbung, Kapitalanleger gefunden werden. Dabei kann es tatsächlich vorkommen, dass die Nachfrage nach den Aktien kurzzeitig höher als das Angebot ist. In diesen Fällen würde das Kürzel **b** oder **bG** oder **bezG** gesetzt werden.

In der Regel wird es aber so sein, dass hinter jedem festgestellten Kurs das Kürzel **bB** oder **bezB** vorhanden ist, da in den meisten Fällen ein höheres Verkaufsangebot als die Nachfrage vorhanden sein wird. Letztendlich wird dieses Kürzel so sein, nachdem die Werbetrommel für die Aktie eingestellt wird und keine Nachfrage mehr erzeugt wird. Spätestens dann wird das Verkaufsangebot der jetzigen Aktionäre immer höher liegen, als die Nachfrage von neuen Kapitalanlegern.

Ich hoffe, dass ich verdeutlichen konnte, dass bereits anhand dieser Vielzahl von Börsenkürzeln es für einen unverhofft angerufenen Kapitalanleger schwer zu erkennen ist, wie ein Kurs für eine Aktie zustande kam oder ob dieser angegebene Kurs tatsächlich werthaltig ist.

Timesharing

Nun mal ehrlich und Hand aufs Herz... wer träumt nicht von einem wunderschönen langen erholsamen Urlaub ??? Sich mal so richtig die Sonne auf den Pelz brennen lassen und nichts weiter tun. Die Arbeit, Arbeit sein lassen und nur seinen eigenen Interssen nachgehen.... Darauf freut sich doch wohl jeder arbeitende Mensch mindesten einmal im Jahr, wenn es nur nicht immer so teuer wäre... aber wie gut, dass es auch hier Personen gibt, die diese Wünsche ausnutzen und uns auch in diesem Bereich um unsere Ersparnisse erleichtern wollen. Wie macht man das am besten ??? Natürlich mit Gewinnspielen....

Kontaktiert werden potenzielle Timesharing-Mitglieder u.a. auch im Urlaub, telefonisch zu Hause oder via Internet. Die Privatanschriften der „potentiellen Opfer" erhalten die Werber stellenweise vom Kunden selbst übcr ein Kontaktformular im Internet oder während eines fingierten Glücksspiels am einem Urlaubsort, wo er sich zuvor einmal aufgehalten hatte. Unmittelbar am Urlaubsort wird mit angeblichen Gratisangeboten oder Hauptgewinnen aus Rubbellosen, wobei – wen wundert es - jedes Los gewinnt, geworben. Bei den Gewinnen handelt es sich möglicherweise um eine Kreuzfahrt auf einem Billig-Kreuzfahrt-Schiff oder einen Kurzausflug vor Ort, wobei es jedoch einen Zuzahlungspreis geben kann. Bei näherer Überprüfung kann aber festgestellt werden, dass der Zuzahlungspreis stellenweise erheblich höher ist als ein Sonderangebot in einem seriösen Reisebüro. Aber wer geht am Urlaubsort schon in ein Reisebüro, wenn man denn dort schon mal eine Schiffskreuzfahrt gewonnen hat... Die Übergabe des Gewinnzertifikates erfolgt zumeist in einem kleinen Geschäftslokal, in welches man mit einem Taxi verbracht wird. Das hat aber einzig und alleine den Zweck zu verhindern, dass Vertragsabschlüsse außerhalb von Geschäftsräumen nach spanischem Recht als so genannte Haustürgeschäfte gelten. Durch die kostenlose Fahrten in Geschäftslokale sollen die mit einem Haustürgeschäft verbundenen Widerrufs- und Kündigungsrechte des möglichen Opfers außer Kraft gesetzt werden. Außerdem wird der Kunde schon dadurch unter Druck gesetzt, dass man ja kostenlos mit einem Taxi durch die Gegend gefahren wird. Zudem wird in diesen Fällen die gute Urlaubsstimmung der Kunden für einen Vertragsabschluß ausgenutzt.

Vor einiger Zeit erschien einer „meiner Kunden" auf meiner Dienststelle und legte mir eine Gewinnbenachrichtigung vor, die er – in diesem Fall – zu Hause in seinem Briefkasten gefunden hatte. Danach wurde ihm angekündigt, dass er in irgendeinem Preisausschreiben eine Reise gewonnen habe, obwohl er sich gar nicht daran erinnern konnte, jemals an diesem Preisausschreiben teilgenommen zu haben. Man kündigte ihm an, dass er in der nächsten Zeit kontaktiert würde, um mit ihm die weiteren Modalitäten abzusprechen.

Tatsächlich war es dann auch so, dass er einige Tage später von einer Dame mit netter Stimme angerufen und er und sein Ehepartner nach Düsseldorf eingeladen wurden. Ihm wurde eine repräsentative Anschrift in einem noblen Bürogebäude genannt, wo er seinen bereits zugesandten Gewinnschein abgeben bzw. einreichen könne.

Am besagten Ort wurde er in einem noblem Empfangsbereich von einer sehr netten luftig bekleideten jungen Dame empfangen. Der Empfangsbereich war bereits „urlaubsmäßig" aufgebaut und ähnelte einer Hotelrezeption. Er wurde gebeten kurz zu warten, bis ihn ein zuständiger

Berater abholen würde. Den Gewinngutschein, den er auf Aufforderung bereits mit Namen und Anschrift ausgefüllt hatte, sollte er schon einmal zur Registrierung abgeben. Kurze Zeit später wurde er mit seiner Begleitung von einem Berater abgeholt und in einen großen Raum geführt. Auch dieser Raum war in der Art eines Restaurants aufgebaut. Es gab mehrere Tischgruppen und Sitzecken. Diese Tischgruppen waren mit südländischen Pflanzen und Holzpalisaden von einander getrennt, so dass man zwar die anderen Personen im Raum wahrnehmen jedoch nicht wirklich hören konnte.

Gut sichtbar, etwa in der Mitte des Raumes, stand eine Tafel, worauf einige Namen notiert waren. Daneben stand eine Glocke.

Anstelle, das nun die Erwartung des „Kunden", nämlich die Übergabe des Gewinnes erfüllt wird, wurde dem Gewinner nun auf Hochglanzfotos Hotelanlagen gezeigt, wo er Urlaub machen könne. Natürlich wurde ihm mitgeteilt, dass dies nicht so ganz umsonst ist, er sich aber im Rahmen Clubmitgliedschaft an einer solchen Urlaubsanlage beteiligen könne. Psychologisch geschickt wurde auf den bisherigen Pauschaltouristen so lange eingeredet, bis er davon überzeugt war, dass durch Einzahlungen von Millionen Euro durch alle anderen „Clubmitglieder" enorme Einsparungen für einen Urlaub an ihn weitergegeben würden. Es wurde ihm versprochen, dass er durch eine Clubmitgliedschaften und durch die Zahlung einer Abschlussgebühr, das Recht erwerbe, für eine gewisse Zeit in einer der vorgelegten Anlagen auf der ganzen Welt Luxusurlaube zu Discount-Preisen zu machen. Für die Mitgliedschaft sollte er allerdings einen Kaufpreis von mehreren tausend bis zehntausend Euro im voraus bezahlen – je nach Urlaubsanlage und Urlaubszeit-.

Ein weiteres Argument, eine Mitgliedschaft zu erwerben, bestand darin, dass die Anlagesumme natürlich auch auf ihn selbst zugeschnitten werden könne. Er könne durch sein Verhandlungsgeschick mit dem Berater auch bis zu 50 % der eigentlich Anlagesumme einsparen. Allerdings wurde ihm mitgeteilt, dass er dann aber möglicherweise nicht zu den üblichen Wunschzeiten (Sommer/Herbst/Winterurlaub) fliegen könne. Es wäre ja klar, wenn man viel sparen will muss man nehmen, was gerade eben frei ist...oder etwa nicht ???

Was dem Kunden natürlich auch nicht gesagt wurde, ist die Tatsache, dass einem bei einem tatsächlichen Abschluss noch erhebliche Kosten des jeweiligen Landes, wo die Anteile gekauft werden, auftreten können. So hat man bei einem tatsächlichen Kauf und Eintrag als Eigentümer in das Grundbuch (so etwas soll auch vorkommen) die Verwaltungs - und ständige Wartungskosten der Anlage, Grundsteuern... zu zahlen. Dies aber nur dann, wenn man wirklich als Eigentümer an einem Anteil der Anlage in dem jeweiligen Land eingetragen wird, was aber doch eher seltener der Fall.

Um sich die Sache noch richtig überlegen zu können, wurde dem geschädigten Käufer des Timesharing-Anteils auch etwas Zeit gelassen. Dazu wurde er und seine Begleitung in einen Nebenraum geführt, wo sie sich alleine und in aller Ruhe einen Film über die jeweilige Urlaubsanlage ansehen konnten. Hier sollte ihnen auch die Möglichkeit eingeräumt werden, sich ungestört und unbeobachtet mit der Begleitung über das Angebot zu unterhalten. Ach... habe ich gerade unbeobachtet geschrieben ? Na ja, so ganz stimmte das nicht, weil sich später im Verlauf von Ermittlungen herausstellte, das hier nämlich eine kleine Kamera und ein Mikrofon in dem Vorführraum eingebaut waren, um die Gespräche der Alleingelassenen mithören zu können. In dem anschließenden weiteren Verkaufsgespräch - denn sie wurden nach dem Film nicht wieder weggelassen, ehe nicht alles versucht wurde, Sie zu einem Abschluss zu bewegen - wurden dann die von ihnen im Verlauf der Filmvorführung genannten Gegenargumente aufgegriffen und versucht diese auszuräumen.

Um die potentiellen Anleger noch etwas mehr unter psychologischen Druck zu setzten, wurde regelmäßig die im Raum stehende Glocke geläutet und neben dem auf der Tafel aufgeführten Namen des Beraters eine weitere Notiz gemacht. Hiermit sollte gezeigt werden, dass wieder mal jemand einen Anteil erworben hat (nur sie eben noch nicht... nun machen sie mal langsam hin).

Nicht, dass Sie nun denken, so etwas kann Ihnen nicht passieren, weil Sie auf solche plumpen Methoden nicht reinfalle. Es gibt Hunderte von Personen, denen man auf diese Art und Weise das Geld aus der Tasche gezogen hat.

Wenn denn dann jemand endlich zu einer Anlage bewegt worden ist, ist es zudem so, das durch umfangreiche und den Käufer benachteiligende Vertragsbedingungen beim Verkauf der Clubmitgliedschaften versucht wird, das Vorgehen rechtlich abzusichern. Die Kosten für eine Mitgliedschaft bewegen sich meist in einem Rahmen von 4.500,-- bis zu 12.000,-- Euro für einen Zeitraum von 12 bis maximal 35 Monaten. Mit der Beschränkung der Vertragslaufzeit auf zwei Jahre und elf Monate wollen die Anbieter verhindern, dass die Schutzwirkung der Timesharing-Richtlinie ihre Wirkung entfalten kann (siehe hierzu Spanisches Gerichtsurteil)

Der Begriff "Timesharing" indes wird im Verlauf der Verkaufsgespräche von den Vermittlern gemieden, da er die Zielgruppe abschreckt. Es wird eher damit geworben, dass es sich bei dem angepriesenen Produkt gerade nicht um Timesharing handelt. Bei der Unterzeichnung des Vertrages ist zumeist eine sofortige Anzahlung von mindestens der Hälfte der Gesamtkosten fällig. Der Betrag wird meist am gleichen Tag von der Kredit- oder der Euroscheck-Karte der Opfer abgebucht. Als Grund für die sofortige Anzahlung wird dem Käufer genannt, dass es sich um ein nur am gleichen Tag geltendes Sonderangebot handelt. Oftmals konnte der Preis ja auch noch von dem Käufer heruntergehandelt werden, man kam dem

Käufer hier also deutlich im Preis entgegen. An einem anderen Tag wäre ein solcher Rabatt nicht möglich, sondern nur am heutigen Tag. Der wahre Grund liegt aber darin, dass die Vermittler durchaus mit einer späteren Einsicht der Opfer rechnen und so zumindest schon die Hälfte des Geldes eingestrichen haben.

Weitere Argumente, mit denen Kunden Timesharing-Anteile verkauft werden, besagen, dass sie die Anteile später wieder gewinnbringend weiterverkaufen werden können, falls man sie selbst nicht ausnutzen wollen. Auch hier wäre eine gewinnbringende Rendite ihrer Anlage möglich, weil man ja eine Immobilie kaufen würde. So stellen später viele Anleger fest, dass sie diese Anteile gar nicht wieder weiter verkaufen können, weil überhaupt kein Markt für diese Timesharing-Anteile vorhanden ist.

Es gibt auch noch andere Methoden im Bereich des Timesharings den Geschädigten das Geld aus der Tasche zu ziehen.

Eine weitere Methode, denjenigen, denen man bereits einen Timesharinganteil verkauft hatte, nochmals Geld aus der Tasche zu ziehen besteht darin, sie davon zu überzeugen, dass es eine weltweite Verkaufs/Tauschbörse von Timesharinganteilen gibt. So habe das jetzige Unternehmen mit Eigentümern anderer Ferienanlagen Vereinbarungen getroffen, wonach diese die Anteile der Altmitglieder voll anrechnen würden, wenn sie einem Tausch/Verkaufspool beitreten würden. Die Anlagen dieser Vertragspartner befänden sich u.a. in Thailand und seien ebenfalls den weltweit größten Tauschbörsen angeschlossen. Durch eine erneute Aufnahmegebühr würden die alten Timesharing-Anteilsinhaber Vollmitglied der Tauschbörse und könnten zudem pro Jahr beliebig viele Wochen Urlaub in allen angeschlossenen Anlagen machen.

Als weitere Möglichkeit wird auch angeboten, dass das vermittelnde Unternehmen, im Rahmen einer Treuhänderschaft, für den Anteilsinhaber kostenlos dessen Anteil zu einem aktuellen Marktpreis verkaufen kann. Das Unternehmen würde das Geld aber so lange festhalten, bis der Verkäufer des Timesharingsanteils den Erhalt einer Verkaufsbescheinigung bestätigt. Erst dann würde der Kaufpreis zum Verkäufer geschickt.

Fraglich ist letztendlich aber wirklich, ob die angebotene Anlage tatsächlich existiert oder erst im Bau ist oder vielleicht nur in der Planung ist. Üblicherweise ist es so, dass die angebotenen Anlagen in sehr weit entfernten Ländern sind (Dominikanische Republik, Thailand...). Dies hat den Sinn, dass man selten selbst dorthin fährt, um die Anlagen einmal persönlich in Augenschein zu nehmen oder die Anlagen einmal vor Ort zu überprüfen.

Wundert es sie nun, dass es leider leider ... – nach der Zahlung der Vorausgebühren - bisher nie zu einem tatsächlichen Verkauf der Anteile gekommen ist. Dem Unternehmen kam es lediglich darauf an, die Vorausgebühren zu kassieren.

In den meisten Fällen ist es so, dass einem möglichen Kunden nur Hochglanzprospekte oder Filme über bereits im Bau befindliche oder existierende Anlagen gezeigt werden.

Im Rahmen von Ermittlungen konnte entweder oftmals nichts oder nur eine Bauruine vorgefunden.

Bei tatsächlich existierenden Anlagen ist meist so, dass weitaus mehr Mitgliedschaften verkauft werden, als der Vermittler tatsächlich an Urlaubskapazitäten zur Verfügung hat. Es ist also davon auszugehen, dass es den Verkäufern der Clubmitgliedschaften nur darum geht, an den vorab geleisteten Gebühren der Käufer zu verdienen.

Nicht, dass man nun meint, die ehemals geprellten Anleger nun in Ruhe zu lassen... . Es wird nun versucht, einen bereits geschädigten Anteilsinhabern nochmals um Geld zu erleichtern.

So nahmen in der letzten Zeit vermehrt Personen mit den Geschädigten Kontakt auf um diesen mitzuteilen, dass die damals gezahlten Gelder für die Timesharinganteile von der Polizei oder Staatsanwaltschaften auf Konten im Ausland sichergestellt worden seien. Die Personen, die nun mit den Geschädigten in Kontakt treten, gaben weiter an, dass sie für ein Inkassounternehmen tätig und in das Verfahren der Polizei / Staatsanwaltschaft im Rahmen der internationalen Schadensfälle eingebunden seien und dass durch diese eine größere Geldsumme von Timesharing - Betrügern bei ausländischen Banken gesichert werden konnte.

Die Gesamtschadenssumme der Geschädigten stünde zur unmittelbaren Auszahlung bereit, sofern durch die ehemals geprellten Anleger eine Vorabgebühr auf eine ausländische Bankverbindung überwiesen würden. Sowohl die genaue Höhe der Gesamtschadenssumme der einzelnen Geschädigten als auch die Höhe der Einzelüberweisungen war den Betrügern bekannt. Dies ist deshalb so, weil ganz zu Beginn des Betruges Karteikarten mit Daten von allen geschädigten Timesharing-Inhabern –wie schon bei den Erläuterungen der „Klopperbuden" angegeben - angelegt wurden.

Diamantenhandel

Neben den oben genannten Betrugsmaschen existiert eine Vielzahl von Möglichkeiten potentiellen Geschädigte um ihre Ersparnisse zu bringen. Unter anderen geht dies auch mit der großem Liebe jeder Frau, nämlich dem Diamanten.

Wie es in der Betrügerbrache so üblich ist, werden auch in diesem Fall die Opfer telefonisch kontaktiert. Ihnen wird wie schon in den anderen Fällen erläutert, auch hier das „Blaue vom Himmel" gelogen. Ihnen werden im Zusammenhang mit dem Diamantenhandel die besten Renditen und Wertsteigerungen versprochen. Ich selbst frage mich dann nur immer... wieso wollen denn die Anrufer nicht selbst reich werden und unternehmen die Geschäfte, die sie den anderen anbieten, nicht selbst ????

Nun ja, wie funktioniert die Diamentenmasche?

In der Regel wird dem mutmaßlichen Kapitalanleger mitgeteilt, dass er über die Anbieterfirma einen Diamanten zu Discountpreisen kaufen kann. Es soll sich hierbei um einen echten Diamanten mit einem echten Zertifikal handeln. Dieser Diamant würde dem Kunden zugesandt, nachdem er diesen vorab bezahlt hat.

Dies geschieht dann in aller Regel auch, ansonsten wäre schon hier das Betrugsdelikt beendet. Der in aller Regel zugesandte Stein ist aber zumeist in einem durchsichtigen Plastikbehältnis eingeschweißt oder eingegossen. Der Stein darf, laut Vermittlerfirma, nicht aus dem Plastikblock entnommen werden, da er sonst angeblich nicht mehr weiterverkauft werden kann. Der tatsächliche Grund, warum der Stein eingeschweißt ist, mag darin liegen, das niemand die Echtheit oder die Qualität des Steines kontrollieren kann.

Wer weis schon, ob sich in dem Plastikbehältnis nicht nur ein künstlicher oder minderwertiger Stein befindet, den jedermann schon für wenige Euro im Internet auf einer Online-Auktion ersteigern kann.

Weiterhin kann die Herkunft des Steines nicht nachvollzogen werden. Möglicherweise handelt es sich bei den Steinen – wenn sie denn echt sein sollten – um Blutdiamanten, mit denen Bürgerkriege finanziert und Waffen gekauft werden. Die so genannten Blut-Diamanten werden durch menschenunwürdige Sklavenarbeit geschürft. Grundstücke werden enteignet und Menschen aus ihrer Heimat vertrieben, um an die Steine heranzukommen. Der Anteil der Blutdiamanten an den gehandelten Steinen lag bei 15 %. Der Großteil dieser Steine wurde in den afrikanischen Staaten Sierra Leone und Angola gewonnen, wo sich Rohdiamanten kurz unter der Erdoberfläche befinden. Um den Handel mit diesen Blutdiamanten einzudämmen, müssen legale Steine zwischenzeitlich gekennzeichnet werden.

Diese Kennzeichnungen können in unsrem Fall bei den eingeschweißten Steinen nicht kontrolliert werden und das möglicherweise beigefügte Zertifikat ist meistens nicht aussagekräftig. Daher ist auch von der Möglichkeit auszugehen, dass es sich bei den in unsrem Fall betroffenen Steinen um illegale Blutdiamanten handeln könnte oder diese überhaupt nlcht werthaltig sind.

In diesem Zusammenhang möchte ich einen kleinen Exkurs zur Entstehung und Klassifizierungen eines Diamanten machen.
Wie entsteht oder besser gesagt entstand ein Diamant?

Diamanten bestehen ausschließlich aus reinem kubisch kristallisiertem Kohlenstoff. Der Diamant stammt zweifellos aus tieferen Erdschichten als alle anderen Edelsteine. Sein Entstehungsprozess beginnt fast mit Sicherheit in einer Tiefe von 150 bis 300 Kilometer (oder noch mehr) unter der Oberfläche unseres Planeten im oberen Teil des Erdmantels, der rund

2.900 Kilometer dicken Schicht, die zwischen dem geschmolzenen äußeren Kern und der festen Erdkruste liegt. Dort herrschen die erforderlichen Temperaturen von mindestens 1.500°C. Zudem sind Drücke von fast dem 66.000fachen des normalen Luftdrucks erforderlich, um Kohlenstoffatome dazu anzuregen, zu kristallisieren.

Die kristallisierten Steine wurden dann durch vulkanische Eruptionsröhren, den so genannten Pipes, durch vorzeitliche Vulkanausbrüche vom oberen Erdmantel bis zur Erdoberfläche kilometerweit durch die Erdkruste transportiert. Es handelt sich hierbei aber zunächst nur um Rohdiamanten, die eigentlich eher unansehnlich sind. Zu einem richtigen werthaltigen Edelstein oder Diamanten werden die Steine erst durch die weitere Bearbeitung, nämlich

1. das Spalten des Rohdiamanten
2. das Reiben der gespaltenen Teile
3. das Schleifen und
4. das Polieren der Facetten.

Die anschließenden Kriterien zur Erkennung und Klassifizierung eines Diamanten sind seine Dichte, Härte, Wärmeleitfähigkeit, Glanz, Lichtstreuung oder Dispersion, Lichtbrechung oder Refraktion sowie Art und Ausbildung vorhandener Einschlüsse.

Die Einschlüsse wiederum werden von VVS (very very slightly) bis P3 (Piqué 3). eingeteilt. Zu den Einschlüssen zählen z. B. kristalline und feste Strukturen, punktförmige Gebilde, «Wolken», Spalt- und Spannungsrisse, Bruch- und Reibrisse, Wachstums- und Zwillings-Ebenen.

Kurzbezeichnung	Bedeutung	Beschreibung
fl	flawless	auch bei 10-facher Vergrößerung lupenrein (keine Einschlüsse erkennbar)
if	internally flawless	bis auf mögliche Oberflächenspuren von der Verarbeitung lupenrein
vvs1 / vvsi	very very small inclusions	Einschlüsse sind auch bei 10-facher Vergrößerung nur sehr, sehr schwer zu erkennen
vvs2	very, very small inclusions	Einschlüsse sind auch bei 10-facher Vergrößerung nur sehr schwer zu erkennen
vs1 / vsi	very small inclusions	Einschlüsse sind bei 10-facher Vergrößerung schwer zu erkennen
vs2	very small inclusions	Einschlüsse sind bei 10-facher Vergrößerung zu erkennen
si1	small inclusions	Einschlüsse sind bei 10-facher Vergrößerung leicht zu erkennen
si2	small inclusions	Einschlüsse sind bei 10-facher Vergrößerung, jedoch nicht mit bloßem Auge sehr leicht zu erkennen
pi1	Piqué I (Pikee I)	Einschlüsse mit bloßem Auge gerade noch erkennbar, mindern die Brillanz jedoch nicht
pi2	Piqué II (Pikee II)	Einschlüsse mit bloßem Auge erkennbar, mindern die Brillanz schwach
pi3	Piqué III (Pikee III)	Einschlüsse mit bloßem Auge leicht erkennbar und mindern die Brillanz deutlich

Quelle Wikipedia

Farbe:

Auch Farbunterschiede können klassifiziert werden, da Diamanten, die für das ungeübte Auge farblos zu sein scheinen, vom Fachmann in verschiedene Farbklassen eingeteilt werden können:

1.   *Hochfeines Weiß+* (River), GIA-Bezeichnung: D

2. *Hochfeines Weiß* (River), GIA-Bezeichnung: E

3. *Feines Weiß+* (Top Wesselton), GIA-Bezeichnung: F

4. *Feines Weiß* (Top Wesselton), GIA-Bezeichnung: G

5. *Weiß* (Wesselton), GIA-Bezeichnung: H

6. *Leicht getöntes Weiß+* (Top Crystal), GIA-Bezeichnung: I

7. *Leicht getöntes Weiß* (Top Crystal), GIA-Bezeichnung: J

8. *Getöntes Weiß+* (Crystal), GIA-Bezeichnung: K

9. *Getöntes Weiß* (Crystal), GIA-Bezeichnung: L

10.   *Getönt 1* (Top Cape), GIA-Bezeichnung: M, N

11.   *Getönt 2* (Cape), GIA-Bezeichnung: O

Quelle Wikipedia

Zudem ist auch der Schliff des Steines für den späteren Wert relevant. Auch hier werden verschiedene Klassifizierungen durchgeführt:

Schliff *(cut):*

Der Schliff ist für das „Feuer" eines Diamanten maßgeblich. So kann der eine geradezu leblos wirken, während aus dem anderen scheinbar Funken sprühen. Nachfolgende Übersicht nach RAL 560 A5E.

1.   *Sehr gut (very good)* Hervorragende Brillanz. Wenige oder nur

geringfügige äußere Merkmale. Sehr gute Proportionen.

2.   *Gut (good)* Gute Brillanz. Einige äußere Merkmale, Proportionen mit

geringen Abweichungen.

3.   *Mittel (medium)* Brillanz gemindert. Mehrere größere
äußere Merk

          male. Proportionen mit erheblichen Abweichungen.

4.   *Gering (poor)* Brillanz erheblich gemindert. Große
und/oder

          zahlreiche äußere Merkmale. Proportionen mit sehr
deutlichen Ab

          weichungen.

Quelle Wikipedia

Das Gewicht einzelner Diamanten wird traditionell in Karat angegeben. Ein Karat entspricht 0,200 Gramm. Diese Einheit lässt sich wiederum auf die Samen des Johannisbrotbauns zurückführen, die früher als Gewichte benutzt worden sind.

Kommen wir aber nun zurück zum betrügerischen Teil des Diamantenhandels....

Wie schon erwähnt, wird der vom Kapitalanleger erworbene Stein in Plastik eingeschweißt oder eingegossen übersandt. Damit ist es ausgeschlossen, dass – neben der Überprüfung der Legalität der Steine - die oben genannten Qualitätskriterien überprüft werden können.

Die Vermittlerfirmen werben u.a. auch mit der Steuerfreiheit bei einem Spekulationsgewinn bei einem Wiederverkauf eines zugesandten Diamanten. Die Schlagworte Anonymität, Mobilität und Wertkonzentration auf kleinsten Raum werden auch gerne benutzt. Damit soll dem interessierten Kapitalanleger vorgegaukelt werden, dass überall auf der

Welt Diamanten gehandelt werden, man überall hinfahren, die Diamanten anbieten und anonym verkaufen könne. Der Werbeslogan „Diamanten, die härteste Währung der Welt" soll den Diamanten als ein krisensicheres Zahlungs – und Währungsmittel darstellen, welches in fast allen Ländern anerkannt ist.

Aber ist dies auch tatsächlich so ???

Die Fragen, die sich aber dazu wirklich stellen, sind diese:

Wo werden die Diamanten gehandelt und werden die Steine tatsächlich immer teurer, da unseriöse Anbieter sichere Renditen von über 10 % versprechen?

Diese Frage nach der Wertsteigerung kann im Grunde genommen bejaht werden, weil alles im Leben einfach teurer wird, aber ob dies in der Preissteigungsrate geschieht, wie von den Anbietern angegeben ist wirklich fraglich.

In Antwerpen, der Stadt wo der eigentliche Diamantengroßhandel stattfindet, wird monatlich ein Preisindex veröffentlicht. Hier werden die kurz – und die langfristigen Tendenzen der Preisentwicklung dargestellt. Der Preisanstieg mag zwar über der Inflationsrate liegen, wer einen Diamanten jedoch als Sachwert betrachtet und diesen nach kurzer Zeit gewinnbringend veräußern will, wird wahrscheinlich enttäuscht sein. Um die Wertentwicklung eines Diamanten zu erklären, sollte man sich zunächst einmal die verschiedenen Handelsstufen eines Steines ansehen.

Zunächst einmal liegt die erste Handelsstufe bei einem Rohstein-Direktaufkäufer und Brillantenproduzenten in Antwerpen. Als Beispiel kann hier der De Beers-Konzern genannt werden. Hier werden die Steine das erste Mal bewertet und sortiert. Der weitere Verkaufsweg läuft dann über einen Großhändler ab, der schon etwas mehr für den Stein bezahlen muss, weil der Direktverkäufer ja auch etwas verdienen will. Weiterhin wird der Stein über Börsenhändler, den Zwischenhändlern, Juwelieren bis zum Einzelhändler und letztendlich dem Endkunden geleitet. Alle diese Händler wollen mit Hilfe des Diamanten leben und Geld verdienen.

Nun stelle ich mir die Frage: Wer kommt nach dem Endkunden oder Kapitalanleger, an den der fraglich werthaltige Diamant weiterverkaufen kann ???

Also kann man hier schon erkennen, dass kein privater Markt vorhanden ist, um den Diamanten dann wieder weiter verkaufen zu können. Dieser private Markt wird ausschließlich durch die Telefonakquise der Vermittlerfirmen –wie bei den Aktienverkäufen - generiert und kommt zum Erliegen, sobald die Telefonwerbung ausbleibt.

Hier kommen dann natürlich unsere Betrügerfirmen wieder ins Spiel, die ja angeben und stellenweise auch garantieren, den zuvor vermittelten Diamanten wieder mit Gewinn zurückzukaufen, wenn dieser denn unversehrt in seiner versiegelten Verpackung ist.

Dieser Rückkauf erfolgt aber regelmäßig nur mit der Voraussetzung, dass gleichzeitig ein neuerer und natürlich teurerer Stein erworben werden muss. Man erhält also sein Geld nicht zurück, sondern zahlt zusätzlich zu dem zurückzugebenden Stein noch einen – mehr oder weniger kleinen – Aufpreis für den neuen Diamanten. Natürlich wird bei dem Neukauf die versprochene Wertsteigerung des ursprünglichen Steines in den neuen Kaufpreis eingerechnet. So schlägt die Vermittlerfirma mit diesem Handel gleich zwei Fliegen mit einer Klappe. Die Vermittlerfirma handelt wieder mit dem Ursprungsstein, verkauft diesen erneut und hat gleichzeitig einen weiteren neuen Stein vermittelt so dass der Kreislauf von neuem beginnen kann.

Sollte ein Neukauf eines weiteren Steines von dem Kunden abgelehnt werden, so erfolgt unter dubiosen Ausreden entweder keine Rücknahme des Steines oder die Auszahlung des Geldes für den zurück zu gebenden Stein wird verweigert. Natürlich wird dies nicht so direkt mitgeteilt, man wird angeben, dass mit allen Mitteln versucht wird, den fraglichen Stein an einen anderen Interessenten weiter zu vermitteln, nur leider wird man -

auch nach langen und intensiven Bemühungen - keinen Käufer seitens der Vermittlerfirma finden. Ein Schelm, der sich jetzt etwas Böses dabei denkt....

Die aufgeführten Betrugsarten stellen natürlich nur eine beispielhafte Aufstellung dar und sind nicht abschließend.

Zur Zeit bearbeite ich ein weiteres größeres Verfahren, in dem es wiederum um vorbörsliche Facebook / Twitter und Aldi-Aktien geht, die zu keinem Zeitpunkt existent waren. Dieses Verfahren wird bereits beim Landgericht Mönchengladbach angeklagt.

Betrüger werden immer wieder neue Möglichkeiten finden, gutgläubigen Menschen das Geld aus der Tasche zu ziehen. Wenn es mir gelungen sein sollte, auch nur einen dieser möglichen Opfer misstrauisch gemacht zu haben, so hat dieses Buch seinen Zweck erfüllt.

Man sollte sich immer die Frage stellen, warum werde gerade ich angerufen und erhalte ein unsagbares Angebot und soll reich werden.

Wieso will der Vermittler nicht selbst das Geschäft machen und will mir helfen ????

Wenn bei einem Finanzinstitut – ohne erhebliche Risiken – keine „vernünftige Rendite einer Geldanlage erzielt werden können, wieso soll das dann gerade bei einem mir unbekannten Vermittlerfirma im Verlauf einer telefonischen Beratung möglich sein ????

www.ingramcontent.com/pod-product-compliance
Lightning Source LLC
Chambersburg PA
CBHW051347170526
45166CB00002B/995